Ausführliches Verzeichnis der

Guttentag'schen Sammlung

Deutscher Reichs- und Preußischer Gesetze,

— Text-Ausgaben mit Anmerkungen; Taschenformat, —

welche alle wichtigeren Gesetze in unbedingt zuverlässigen Gesetzestexten und in mustergiltiger Weise erläutert enthält, befindet sich hinter dem Sachregister.

Guttentag'sche Sammlung
Nr. 75. Deutscher Reichsgesetze. Nr. 75.
Text-Ausgaben mit Anmerkungen.

Das Reichsgesetz über die

Konsulargerichtsbarkeit.

Erläutert von

Dr. iur. A. F. Vorwerk,
Rechtsanwalt in Schanghai.

Zweite Ausgabe

mit dem Schutzgebietsgesetz und der Ausführungsverordnung, betreffend die Rechtsverhältnisse in den deutschen Schutzgebieten.

Berlin 1908.
J. Guttentag, Verlagsbuchhandlung,
G. m. b. H.

Inhaltsverzeichnis.

Abkürzungen.

Die Abkürzung KGG. ist bei Verweisungen auf Paragraphen dort nicht hinzugefügt, wo ein Mißverständnis ausgeschlossen ist.

AG. = Ausführungsgesetz.

Begründung = Begründung zum Entwurf eines Gesetzes über die Konsulargerichtsbarkeit, Drucksachen des Reichstages, 10. Legislaturperiode, I. Session 1898 bis 1900, Nr. 515.

Begr. z. fr. Ges. = Begründung zum Entwurf des früheren Gesetzes (des Reichsgesetzes über die Konsulargerichtsbarkeit vom 10. Juli 1879).

Bericht = Bericht der 29. Kommission des Reichstages, Drucksachen des Reichstages, 10. Legislaturperiode, I. Session 1898/1900, Nr. 607.

BGB. = Bürgerliches Gesetzbuch.

BGBl. = Bundes-Gesetzblatt des Norddeutschen Bundes.

EG. = Einführungsgesetz.

Entsch. = Entscheidung.

G. = Gesetz.

GKG. = Gerichtskostengesetz (RGBl. 1898, S. 659).

GVG. = Gerichtsverfassungsgesetz (RGBl. 1898, S. 371).

GS. = Gesetz-Sammlung.

KGG. = Gesetz über die Konsulargerichtsbarkeit vom 7. April 1900.

KO. = Konkursordnung (RGBl. 1898, S. 612).

Konsulatsgesetz = Gesetz, betreffend die Organisation der Bundeskonsulate, sowie die Amtsrechte und Pflichten der Bundeskonsuln vom 8. November 1867 (Bundes-Gesetzblatt S. 137).

RG. = Reichsgericht.

RGBl. = Reichs-Gesetzblatt.

RGSt. = Entscheidungen des Reichsgerichts in Strafsachen.

RGZ. = Entscheidungen des Reichsgerichts in Zivilsachen.

ROHG. = Reichsoberhandelsgericht.

StenB. = Stenographische Berichte des Reichstages.

StGB. = Strafgesetzbuch für das Deutsche Reich.

StPO. = Strafprozeßordnung vom 1. Februar 1877.

ZBl. = Zentralblatt für das Deutsche Reich.

ZPO. = Zivilprozeßordnung (RGBl. 1898, S. 410).

Brauer, Justizgesetze = Brauer, Die deutschen Justizgesetze in ihrer Anwendung auf die amtliche Tätigkeit der Konsuln. Berlin 1879. C. Heymann's Verlag.

Gareis, Kolonialrecht = Dr. Karl Gareis, Deutsches Kolonialrecht, 2. Aufl. Gießen 1902. Emil Roth.

Goes, Kommentar = Dr. Karl Goes, Das Reichsgesetz über die Konsulargerichtsbarkeit vom 10. Juli 1879, unter Berücksichtigung seiner Anwendung in den deutschen Schutzgebieten erläutert in den Annalen des Deutschen Reichs für Gesetzgebung, Verwaltung, und Statistik. G. Hirth, München und Leipzig 1897, 30. Jahrgang, Nr. 7 und 8.

König, Konsularwesen = B. W. v. König, Handbuch des deutschen Konsularwesens, 6. Aufl. Berlin 1902. R. v. Decker's Verlag.

Senga, Konsulargerichtsbarkeit = Dr. Tsurutaro Senga, Gestaltung und Kritik der heutigen Konsulargerichtsbarkeit in Japan. Berlin 1897. R. L. Prager.

Stengel, Rechtsverhältnisse = Prof. K. Frh. v. Stengel, Die Rechtsverhältnisse der deutschen Schutzgebiete. Tübingen und Leipzig 1901. J. C. B. Mohr (Paul Siebeck).

Einleitung.

1. Geschichte des Gesetzes.

Das Gesetz, betreffend die Organisation der Bundeskonsulate sowie die Amtsrechte und Pflichten der Bundeskonsuln, vom 8. Nov. 1867 (BGBl. S. 137) enthielt folgende Bestimmungen:

„§ 22. Den Bundeskonsuln steht eine volle Gerichtsbarkeit zu, wenn sie in Ländern residieren, in welchen ihnen durch Herkommen oder durch Staatsverträge die Ausübung der Gerichtsbarkeit gestattet ist.

Der Konsulargerichtsbarkeit sind alle in den Konsular-Jurisdiktionsbezirken wohnenden oder sich aufhaltenden Bundesangehörigen und Schutzgenossen unterworfen. In betreff der politischen Verbrechen und Vergehen jedoch nur, wenn diese nicht innerhalb des Norddeutschen Bundes oder in Beziehung auf denselben verübt sind.

§ 23. Die Jurisdiktionsbezirke der einzelnen Konsuln werden von dem Bundeskanzler nach Vernehmung des Ausschusses des Bundesrates für Handel und Verkehr bestimmt.

§ 24. Bis zum Erlasse eines Bundesgesetzes über die Konsulargerichtsbarkeit wird dieselbe von den Bundeskonsuln nach Maßgabe des über die Gerichtsbarkeit der Konsuln in Preußen erlassenen Gesetzes vom 29. Juni 1865 (GS. S. 681) ausgeübt. Die nach diesem Gesetze den preußischen Ministern und Gesandten übertragenen Befugnisse stehen jedoch dem Bundeskanzler zu.

Neue Bundesgesetze erlangen in den Konsular-Jurisdiktionsbezirken nach Ablauf von 6 Monaten, von dem Tage gerechnet, an welchem dieselben durch das Bundesgesetzblatt verkündet worden sind, verbindliche Kraft."

In der Begründung der Vorlage durch den Bundesrat hieß es, es bleibe bis dahin, daß für den Norddeutschen Bund ein gemeinsames Recht eingeführt sein werde, nichts übrig, als sich an dieses preußische Gesetz zu halten, weil in den anderen Bundesstaaten ein ähnliches Gesetz nicht existiere (StenB. des Reichstages 1867 Anl. S. 140, — das preußische Gesetz ist abgedruckt im Bundesgesetzblatt 1867 S. 144). Der in dieser Begründung zum Ausdruck gebrachten Auffassung des Bundesrats, daß das preußische Gesetz und der auf Grund des § 19 desselben erlassene Gebührentarif nur als ein demnächst durch Bundesgesetz zu ersetzendes Provisorium betrachtet werden solle, schloß sich der Reichstag des Norddeutschen Bundes bei den Verhandlungen über das oben erwähnte Gesetz noch ausdrücklich durch folgende Resolution an:

„Den Bundeskanzler aufzufordern, dem Reichstage mit möglichster Beschleunigung den Entwurf eines

Gesetzes, die Gerichtsbarkeit der Bundeskonsuln betreffend, zur verfassungsmäßigen Beschlußnahme vorzulegen" (Vhdl. des Reichstages 1867, StenB. S. 656, Anl. S. 230, vgl. auch die Eingangsworte des oben angeführten § 24).

Im Jahre 1872 wurde aber bei den Beratungen des Reichstages über den Entwurf eines Gesetzes, betreffend die Gebühren und Kosten bei den Konsulaten des Deutschen Reiches, anerkannt, die Umarbeitung des Gesetzes über die Konsulargerichtsbarkeit könne nicht vor der Vollendung der Reichsprozeßgesetze in Angriff genommen werden (Vhdl. des Reichstages, StenB. 1872 S. 593 ff.). Nach Eintritt dieser Voraussetzung legte der Bundesrat am 19. März 1879 dem Reichstage den Entwurf eines Gesetzes nebst Begründung vor (Aktenstück-Nr. 70 zu den Vhdl. des deutschen Reichstages 1879, StenB. Bd. IV S. 574 ff.).

Der Instanzenzug in Konsulargerichtssachen war schon durch die Zusatzbestimmung des § 3 des Gesetzes, betreffend die Einführung norddeutscher Bundesgesetze in Bayern vom 22. April 1871 (BGBl. S. 87) geändert worden, die an Stelle des preußischen Obertribunals dem damaligen Bundes-, späteren Reichsoberhandelsgerichte die Entscheidung in dritter Instanz übertragen hatte. Die zweite Instanz — das preußische Appellationsgericht zu Stettin — war dieselbe geblieben. Es wurde jetzt vorgeschlagen, den Instanzenzug an ein Landesgericht überhaupt zu beseitigen, da es der Sachlage nicht als entsprechend erachtet werden könne, daß ein Landesgericht im Namen des Reiches die diesem zustehende Gerichtsbarkeit ausübe, und noch weniger, daß es dies im Namen des Einzelstaates tue. Es wurde deswegen vorgeschlagen, nur eine höhere Instanz zuzulassen und die Entscheidung in dieser dem Reichsgericht zu übertragen. Im übrigen unternahm es der Entwurf, die Vorschriften der Reichsprozeßgesetze den Verhältnissen in den Ländern, in denen Konsulargerichtsbarkeit ausgeübt wird, anzupassen (Begr. z. fr. Ges., StenB. Bd. IV S. 577 ff.).

Der Reichstag überwies in seiner Sitzung vom 3. April 1879 den Entwurf einer Kommission (StenB. Bd. II S. 842 ff.). Diese beantragte vier wesentliche Änderungen des Entwurfes, nämlich: Zuständigkeit des Konsulargerichts für alle Schöffengerichtssachen, während der Entwurf bei Übertretungen den Konsul für zuständig erklärt hatte; Befugnis des Konsuls in bürgerlichen Rechtsstreitigkeiten zur Abänderung seiner durch Beschwerde angegriffenen Verfügung in jedem Falle; Einlegung der Berufung in bürgerlichen Rechtsstreitigkeiten bei dem Konsul und Berufung, nicht Revision in Strafsachen (Aktenstück Nr. 275 zu den Vhdl. des deutschen Reichstages 1879, StenB. Bd VI S. 1624).

Der Reichstag nahm dann den Entwurf in der ihm durch die Kommission gegebenen Form an (zweite Lesung am 26. Juni, dritte am 30. Juni 1879, StenB. Bd. III S. 1848 ff. und S. 1897), und der Bundesrat erteilte seine Genehmigung.

Das Gesetz über die Konsulargerichtsbarkeit vom 10. Juli 1879 (RGBl. S. 197) trat am 1. Okt. 1879 in Kraft.

Am 25. Dez. 1899 legte der Reichskanzler dem Reichstage einen vom Bundesrat beschlossenen Entwurf eines Gesetzes über die Konsulargerichtsbarkeit nebst Begründung vor (Drucksachen des Reichstages, 10. Legislaturperiode, 1. Session 1898/1900 Nr. 515). In der Vorbemerkung der Begründung heißt es, die umfassende Neugestaltung des Privatrechts durch das Bürgerliche Gesetzbuch und seine Nebengesetze mache auch eine Revision des Gesetzes über die Konsulargerichtsbarkeit notwendig; denn wenn auch auf Grund dieses Gesetzes die Vorschriften der neuen Gesetze in den Konsulargerichtsbezirken im allgemeinen ohne weiteres Anwendung finden würden, so sei es doch notwendig, durch besondere Vorschriften einzelne sonst entstehende Lücken auszufüllen und ferner die neuen Gesetze in verschiedenen Punkten den Verhältnissen in diesen Bezirken anzupassen; sodann seien bei dieser Gelegenheit in dem Konsulargerichtsbarkeitsgesetze die Änderungen und Ergänzungen vorzunehmen, die sich nach den bisherigen Erfahrungen als wünschenswert erwiesen hätten; endlich erscheine es, schon im Hinblick auf die fortschreitende Entwickelung in den für die Konsulargerichtsbarkeit in Betracht kommenden Ländern und die sich daraus ergebenden praktischen Bedürfnisse angezeigt, für einzelne genau bestimmte Gegenstände den Erlaß besonderer Vorschriften auf dem Verordnungswege zu ermöglichen; die Form eines neuen Gesetzes sei gewählt, weil die in Aussicht genommenen Änderungen zu zahlreich seien, als daß die Form einer Novelle genügen würde, und weil sich ferner mit Rücksicht auf die einzufügenden neuen Vorschriften eine übersichtlichere, nach den einzelnen Materien geordnete Einteilung des Stoffes empfehle.

In der Reichstagssitzung vom 16. Jan. 1900 wurde beschlossen, den Entwurf zur Beratung einer Kommission von 14 Mitgliedern zu überweisen (StenB. Bd. IV S. 3549 ff.), über deren Wahl und Konstituierung in der Sitzung vom 19. Jan. 1900 berichtet wurde (StenB. Bd. IV S. 3595). Die wesentlichen der wenigen Änderungen, welche die Kommission an den Entwurf vornahm, sind bei der Erläuterung der betreffenden Paragraphen erwähnt.

Der Entwurf mit den Änderungen der Kommission wurde am 6. März 1900 in zweiter Lesung (StenB. Bd. V S. 4447) und am darauf folgenden Tage in dritter Lesung (StenB. Bd. V S. 4477) angenommen. Der Bundesrat stimmte diesen Abänderungsvorschlägen zu und genehmigte den Entwurf des Reichstages, der dann am 7. April 1900 vom Kaiser vollzogen und in Nr. 15 des Reichs-Gesetzblattes von 1900 (S. 213—228) verkündet wurde.

2. Geltung des Gesetzes in den Schutzgebieten.

Eine Reihe von Vorschriften des Konsulargerichtsbarkeitsgesetzes finden nach §§ 2—6 des Schutzgebietsgesetzes vom 25. Juli 1900 (RGBl. S. 812) in den Schutzgebieten entsprechende Anwendung, zum Teil mit Änderungen, die im Schutzgebietsgesetz bestimmt sind, oder die zu bestimmen kaiserlichen Verordnungen anheim gegeben wird.

3. Einteilung usw. des Gesetzes.

Das Gesetz zerfällt in 9 Abschnitte:

1. Abschnitt. §§ 1—3: Umfang der Konsulargerichtsbarkeit.

2. Abschnitt. §§ 4—18: Gerichtsverfassung.

3. Abschnitt. §§ 19—30: Allgemeine Vorschriften über das anzuwendende Recht.

4. Abschnitt. §§ 31—48: Besondere Vorschriften über das Bürgerliche Recht.

5. Abschnitt. §§ 41—48: Besondere Vorschriften über das Verfahren in bürgerlichen Rechtsstreitigkeiten, in Konkurssachen und in den Angelegenheiten der freiwilligen Gerichtsbarkeit.

6. Abschnitt. §§ 49—51: Besondere Vorschriften über das Strafrecht.

7. Abschnitt. §§ 52—72: Besondere Vorschriften über das Verfahren in Strafsachen.

8. Abschnitt. §§ 73—76: Besondere Vorschriften über die Kosten.

9. Abschnitt. §§ 77—80: Schlußbestimmungen.

Aus der Verordnung zur Einführung des Gesetzes über die Konsulargerichtsbarkeit vom 25. Okt. 1900

(RGBl. S. 999) ist Art. 1 abgedruckt in der Anm. zu § 78, der Art. 2 in der Anm. 2 zu § 27, der Art. 3 in der Anm. 2 zu § 33. Der Art. 4 lautet:

„Diese Verordnung tritt gleichzeitig mit dem Gesetz über die Konsulargerichtsbarkeit in Kraft."

Die Vorschriften der Dienstanweisung des Reichskanzlers zur Ausführung des Gesetzes über die Konsulargerichtsbarkeit vom 27. Okt. 1900 (ZBl. S. 577) sind bei den einzelnen Paragraphen, zu denen sie ergangen sind, angeführt worden.

I.

Gesetz
über die
Konsulargerichtsbarkeit.

Vom 7. April 1900.
(RGBl. S. 213).

Wir Wilhelm, von Gottes Gnaden Deutscher Kaiser, König von Preußen ꝛc. verordnen im Namen des Reichs, nach erfolgter Zustimmung des Bundesrats und des Reichstags, was folgt:

Erster Abschnitt.

Umfang der Konsulargerichtsbarkeit.

§ 1.

Die Konsulargerichtsbarkeit wird in den Ländern ausgeübt, in denen ihre Ausübung durch Herkommen oder durch Staatsverträge gestattet ist.

Sie kann durch Kaiserliche Verordnung mit Zustimmung des Bundesrats für bestimmte Gebiete und in Ansehung bestimmter Rechtsverhältnisse außer Übung gesetzt werden.

1. Über die Gerichtsbarkeit, die deutsche Konsuln im Auslande im allgemeinen ausüben, bestimmen verschiedene Gesetze, z. B. das Konsulatsgesetz, die Seemannsordnung vom 2. Juli 1902 (RGBl. S. 175). Das Gesetz über die Konsulargerichtsbarkeit regelt nur und bezeichnet mit diesem Ausdruck nur die deutschen Behörden für die sogenannten nicht zivilisierten Länder zustehende besondere Gerichtsbarkeit.

2. Voraussetzung für die Ausübung dieser Konsulargerichtsbarkeit ist, daß sie durch Herkommen oder Staatsverträge gestattet ist. Nur wenn und insoweit diese völkerrechtlichen Grundlagen vorhanden sind, greifen die Bestimmungen dieses Gesetzes Platz. Denn es regelt die Grundsätze, nach denen die Gerichtsbarkeit ausgeübt wird, unter der Voraussetzung, daß sie im Lande der Ausübung in vollem gesetzlichen Umfange zugestanden ist. Wie überhaupt alle den deutschen Konsuln zustehenden Amtsbefugnisse nur dann und nur insoweit im fremden Lande tatsächlich in Anspruch genommen werden können und dürfen als die fremde Staatsgewalt es gestattet, so kann und darf insbesondere die Konsulargerichtsbarkeit in der Praxis nur in dem Umfange ausgeübt werden, in welchem sie kraft bestehender Staatsverträge oder Herkommens in dem betreffenden Lande zugestanden ist. Die Konsularbehörden können trotz genereller Ermächtigung seitens des Deutschen Reichs gerichtliche Handlungen nur vornehmen, nachdem sie ihre Zuständigkeit auch daraufhin geprüft haben, ob ein völkerrechtlicher Titel vorhanden ist, kraft dessen ihnen die Ausübung gestattet ist (Begr. z. fr. Ges., StenB. Bd. IV, S. 518, Brauer, Justizgesetze S. 116, Goes, Kommentar Anm. 6 zu § 1). Senga, Konsulargerichtsbarkeit, führt aus, welche Bestimmungen des früheren

Gesetzes in Japan, als dort noch auf Grund des Freundschafts-, Handels- und Schiffahrtsvertrages zwischen dem Norddeutschen Bund und den zu diesem Bunde nicht gehörenden Mitgliedern des deutschen Zoll- und Handelsvereins einerseits und Japan andererseits vom 20. Febr. 1869 Art. 5 (BGBl. 1870 S. 1) die Konsulargerichtsbarkeit ausgeübt wurde, nicht galten. Auf eine solche Darstellung der durch die völkerrechtlichen Grundlagen herbeigeführten verschiedenen Gestaltung der deutschen Konsulargerichtsbarkeit in den einzelnen Ländern konnte in den nachfolgenden Anmerkungen nicht eingegangen werden, da sie zu weit führen würde, auch die die Gerichtsbarkeit regelnden Normen schwanken (vgl. folgende Anm.)

3. Das Wort „Herkommen" ist aus dem preußischen Gesetze vom 29. Juni 1865 in das Konsulatsgesetz (§ 22) übernommen und seitdem beibehalten worden. Auch in der Begründung zum Entwurf des jetzigen Gesetzes findet sich nichts über seine Bedeutung, obgleich schon 1879 bei den Reichstagsberatungen von verschiedenen Seiten die Ansicht ausgesprochen wurde, es sei zweifelhaft, was unter Herkommen zu verstehen sei (Verhandlungen vom 3. April 1879, StenB. S. 843 ff., und vom 26. Juni 1879 a. a. O. S. 1848 ff.).

Der Abgeordnete Frhr. v. Maltzahn-Gültz meinte damals, es sei bei diesem Ausdruck vor allem an solche Länder zu denken, wo eine Staatsgewalt, mit der man einen Staatsvertrag abschließen könne, nicht vorhanden sei; der Berichterstatter der Kommission Dr. Gareis erklärte, es sei in jedem einzelnen Falle zu prüfen, was unter Herkommen zu verstehen sei und auf den einzelnen Fall dabei Rücksicht zu nehmen.

Wenn auch jetzt fast überall die Konsulargerichtsbarkeit auf Grund von Verträgen ausgeübt wird (vgl. folgende Anm.), muß doch auch in solchen Ländern, mit denen Verträge abgeschlossen sind, zur Bestimmung des Umfanges usw. der Gerichtsbarkeit, da die Vertragsbestimmungen hierüber teilweise ungenau oder veraltet sind, das Herkommen in Betracht gezogen werden.

Brauer, Justizgesetze S. 100 u. S. 117, sagt: Herkommen ist jedenfalls nicht im zivilrechtlichen Sinne zu verstehen, da die Ausübung der Gerichtsbarkeit dem öffentlichen Rechte angehört; das Herkommen im völkerrechtlichen Sinne offenbart sich durch Handlungen der Vertreter der beiderseitigen Staatsgewalten, nämlich durch Ausübung von Amtshandlungen auf der einen und ausdrückliche oder stillschweigende Duldung derselben auf der anderen Seite; tatsächlich hätte deshalb eine Feststellung des Begriffes Herkommen durch die deutsche Gesetzgebung wenig Bedeutung, weil ein deutscherseits behauptetes Herkommen noch der ausdrücklichen oder stillschweigenden Anerkennung des betreffenden fremden Staates bedarf, um für die Organe beider Teile rechtsverbindlich zu sein.

Die Brauersche Begriffsbestimmung läßt sich mit der Ansicht des Abg. Dr. Gareis vereinen; man kann sich ihnen anschließen.

4. In folgenden Ländern ist z. Zt. die Ausübung der Konsulargerichtsbarkeit gestattet:

a) In China auf Grund des Art. 35 f. des Freundschafts-, Handels- und Schiffahrtsvertrages zwischen dem Deutschen Zoll- und Handelsverein, den beiden Mecklenburg und den Hansestädten Hamburg, Bremen, Lübeck einerseits und China andererseits vom 2. September 1861 (PrGS. 1863 S. 265), der durch Art. 9 der Zusatzkonvention zu dem deutsch-chinesischen Handelsvertrage vom 2. Sept. 1861, nebst erläuternden Spezialbestimmungen vom 31. März 1881 (RGBl. 1881 S. 261) bestätigt worden ist.

b) In Korea auf Grund des Art. 3 des Handels-, Freundschafts- und Schiffahrtsvertrages zwischen dem Reich und dem Königreich Korea vom 26. Nov. 1883 (RGBl. 1884 S. 221).

c) In Marokko auf Grund der in Art. 1 des Handelsvertrages zwischen dem Deutschen Reiche und Marokko vom 1. Juni 1890 (RGBl. 1891 S. 378) enthaltenen Meistbegünstigungsklausel.

d) In Persien auf Grund Art. 13 des Freundschafts-, Handels- und Schiffahrtsvertrages zwischen Deutschland und Persien vom 11. Juni 1873 (RGBl. S. 351).

e) In Rumänien. In Art. 49 des Berliner Vertrages vom 13. Juni 1878 (RGBl. S. 307) wurde bestimmt, daß die Konsulargerichtsbarkeit bis zu ihrer im Einverständnis der Beteiligten erfolgenden Aufhebung fortbestehen solle.

f) Auf den Inseln der Südsee, die nicht zu einem deutschen Schutzgebiet gehören, sofern sie nicht einer vom Reich anerkannten anderweiten Jurisdiktion unterworfen sind. Die Konsulargerichtsbarkeit beruht hier lediglich auf Herkommen; Staatsverträge sind nicht geschlossen. Wegen der den Vereinigten Staaten gehörigen Samoa-Inseln und der Tonga-Inseln s. RGBl. 1900 S. 849 und 1902 S. 261.

g) In Serbien. Laut Art. 25 des Konsularvertrages zwischen dem Deutschen Reich und Serbien vom 6. Jan. 1883 (RGBl. S. 62) verzichtete das Reich auf die Ausübung der Vorrechte und Befreiungen, welche bisher den Angehörigen des Deutschen Reiches auf Grund der mit dem ottomanischen Reich bestehenden Kapitulationen und in Gemäßheit des Art. 37 des Berliner Vertrages vom 13. Juni 1878 in Serbien zustanden; jedoch werden die erwähnten Kapitulationen als auch fernerhin in Anwendung bleibend erklärt hinsichtlich aller gerichtlichen Angelegenheiten, welche sich auf die Verhältnisse von Angehörigen des Deutschen Reiches zu Angehörigen solcher Mächte beziehen, die auf die ihnen nach den Kapitulationen zukommenden Vorrechte und Befreiungen nicht verzichten, mit Ausnahme des Falles, daß diese gerichtlichen Angelegenheiten in Serbien gelegene unbewegliche Güter betreffen. Dieser Vorbehalt ist nach König, Konsularwesen S. 268 Anm. ohne erhebliche praktische Bedeutung.

h) In Siam auf Grund Art. 9 ff. des Freundschafts-, Handels- und Schiffahrtsvertrages zwischen dem Deutschen Zollverein und den beiden Mecklenburg einerseits und dem Königreich Siam andererseits vom 7. Febr. 1862 (PrGS. 1864 S. 717).

i) In der Türkei. Vertragsmäßige Grundlagen sind die Art. 4 f. des preußisch-türkischen Freundschafts- und Handelsvertrages vom 22. März (2. April) 1761, der zunächst im Art. 1 des Handelsvertrages zwischen Preußen, Bayern, Sachsen, Württemberg, Baden, Kurhessen, Großherzogtum Hessen, den zum Thüringischen Zoll- und Handelsverein gehörigen Staaten, Nassau und der freien Stadt Hamburg einerseits und der ottomanischen Pforte andererseits vom 10. (22.) Okt. 1840 (PrGS. 1841 S. 57) und im Art. 1 des Handelsvertrages zwischen Preußen und den übrigen Staaten des Deutschen Zoll- und Handelvereins einerseits und der ottomanischen Pforte andererseits vom 20. März 1862 (PrGS. 1863 S. 161) bestätigt wurde, sodann nochmals bestätigt und auf das Deutsche Reich ausgedehnt wurde in Art. 24 des Freundschafts-, Handels- und Schiffahrtsvertrages zwischen dem Deutschen Reich und der Türkei vom 26. Aug. 1890 (RGBl. 1891 S. 117). Vgl. auch Nr. 1 des Protokolls (RGBl. 1891 S. 258) über die unter deutscher Konsulargerichtsbarkeit stehenden Schweizer.

Über die Konsulargerichtsbarkeit in der Türkei handelt ausführlich Dr. Stamatios Antonopoulos, Exterritorialität der Ausländer in der Türkei, bearbeitet von Amtsgerichtsrat Dr. F. Meyer, Berlin, K. Hoffmann 1895 und Bergfeld, Die Konsulargerichtsbarkeit in der Türkei in Zivil- und Strafsachen, Greifswald 1898; bei letzterem und bei König, Konsularwesen S. 266, sind die für die Gerichtsbarkeit in Betracht kommenden Bestimmungen des Vertrages von 1761 abgedruckt. Vgl. ferner ROHG. vom 27. Okt. 1874, Bd. 14, S. 423, Nr. 133.

In Egypten ist die Konsulargerichtsbarkeit eingeschränkt, nachdem ein von den europäischen Mächten genehmigtes „Règlement d'Organisation Judiciaire pour les Procès Mixtes" aufgestellt worden war, durch das Reichsgesetz, betr. die Einschränkung der Gerichtsbarkeit der deutschen Konsuln in Egypten vom 30. März 1874 (RGBl. S. 23), durch die Verordnung, betr. die Einschränkung der Gerichtsbarkeit der deutschen Konsuln in Egypten vom 23. Dez. 1875 (RGBl. S. 386), durch das Gesetz, betr. die Konsulargerichtsbarkeit in Egypten vom 5. Juni 1880 (RGBl. S. 145), durch die Verordnung, betr. die Konsulargerichtsbarkeit in Egypten vom 23. Dez. 1880 (RGBl. S. 192) und die Verordnung, betr. die Gerichtsbarkeit der deutschen Konsuln in Egypten vom 4. Febr. 1904 (RGBl. S. 61), vgl. auch Verordnung, betr. die Gerichtsbarkeit der deutschen Konsuln in Egypten vom 15. Febr. 1897 (RGBl. S. 17).

Für Bulgarien ist durch Art. 8 des Berliner Vertrages vom 13. Juli 1878 (RGBl. S. 307) bestimmt, daß die Konsulargerichtsbarkeit bis zu ihrer im Einverständnis der Beteiligten erfolgenden Aufhebung fortbestehen soll.

k) In Zanzibar. Grundlage ist Art. 16 des Freundschafts-, Handels- und Schiffahrtsvertrages zwischen dem Deutschen Reiche und dem Sultan von Zanzibar vom 20. Dez. 1885 (RGBl. 1886 S. 261). „Auf die Konsulargerichtsbarkeit in Zanzibar hat Deutschland in Art. 7 des deutsch-englischen Vertrages vom 14. Nov. 1899 verzichtet, jedoch erst von dem Zeitpunkt ab, an welchem die anderen Nationen dort zustehenden Exterritorialitätsrechte ebenfalls aufgehoben sein werden." (König, Konsularwesen S. 268.) Vgl. das G., betr. die Freundschaftsverträge mit Tonga und Samoa und den Freundschafts-, Handels- und Schiffahrtsvertrag mit Zanzibar, vom 15. Februar 1900 (RGBl. S. 37).

Für die unter a—k aufgeführten Länder gibt das Verzeichnis der kaiserlich deutschen Konsulate vom Januar 1905 (vgl. Anm. 2 zu § 4) die Gerichtsbezirke an.

5. Abs. 2 verleiht dem Kaiser die Ermächtigung, mit Zustimmung des Bundesrats die Konsulargerichtsbarkeit für bestimmte Gebiete und in Ansehung bestimmter Rechtsverhältnisse außer Übung zu setzen. Bisher war ein Gesetz nötig, um die Gerichtsbarkeit außer Übung zu setzen. Vgl. außer den in Anm. 4 unter i und k erwähnten das G., betr. die Konsulargerichtsbarkeit in Bosnien und in der Herzegowina vom 7. Juni 1880 (RGBl. S. 146), das G., betr. die Konsulargerichtsbarkeit in Tunis vom 27. Juli 1883 (RGBl. S. 362) und das G., betr. die Konsulargerichtsbarkeit in Samoa usw. vom 6. Juli 1890 (RGBl. S. 139).

Ein solcher Verzicht auf die Ausübung der Konsulargerichtsbarkeit kann, wie die Begründung (S. 14) ausführt, nicht nur wie in den bisherigen Fällen zu Gunsten der dort bestehenden Landesgerichtsbarkeit in Frage kommen, sondern auch zu Gunsten einer anderen, in diesem Gebiete ausgeübten Konsulargerichtsbarkeit, z. B. für die ein Niederlassungsgrundstück und die Stellung zur Niederlassungsgemeinde betreffenden Rechtsverhältnisse derjenigen Deutschen, die sich in fremden Niederlassungen in China angesiedelt haben, und für die ihre Stellung zur Gesellschaft und zu den anderen Gesellschaftern betreffenden Rechtsverhältnisse derjenigen Deutschen, die sich an fremden Handelsgesellschaften beteiligen, und zwar in solchen Fällen aus Gründen der Gegenseitigkeit (vgl. dazu die im Anhang abgedruckte Anordnung des Reichskanzlers, betr. die Konsulargerichtsbarkeit über Schutzgenossen vom 27. Okt. 1900, § 2 Nr. 2 u. 3, § 4 und die kaiserliche Verordnung, betr. die Rechte an Grundstücken und die Anlegung von Grundbüchern in den deutschen Niederlassungen in Tientsin und Hankau vom 25. Okt. 1900 [RGBl. S. 1000] § 7 Nr. 2).

Da hierbei nicht nach allgemeinen, gesetzlich festzustellenden Regeln verfahren werden kann, wurde, damit nicht in jedem einzelnen Falle der Weg der Gesetzgebung eingeschlagen werden muß, die Regelung der Kaiserlichen Verordnung vorbehalten, trotz des Widerspruchs, der sich in der Reichstagskommission hiergegen geltend machte und in ihr bei der ersten Lesung zu einer Ablehnung des Regierungsantrages geführt hatte, während bei der zweiten Lesung die jetzige Fassung, die dem Kaiser im Vergleich mit der vorgeschlagenen eine wesentlich beschränktere Befugnis gewährt, angenommen wurde (Bericht S. 5 u. 15).

6. Die Zustimmung des Bundesrats für kaiserliche Verordnungen, wie sie Abs. 2 vorschreibt, wird in den anderen Fällen nicht gefordert, in denen dieses Gesetz kaiserliche Verordnungen gestattet (§ 20 Abs. 2, §§ 21, 22, § 23 Abs. 1, §§ 33, 37, 39, § 77 Abs. 2, § 78. — Vgl. hierzu die Beratungen der Reichstagskommission, Bericht S. 7). In allen Fällen sind die Verordnungen vom Kaiser selbst zu erlassen: er ist also nicht befugt, das Verordnungsrecht zu übertragen, etwa an den Reichskanzler oder an den Konsul, wie sich schon daraus ergibt, daß deren Berechtigung zum Erlaß von Rechtsvorschriften durch besondere Bestimmungen geregelt ist (§ 2 Abs. 2, § 23 Abs. 3, §§ 29, 35, 51). Wohl aber sind der Reichskanzler und der Konsul befugt, auch in den dem Verordnungsrecht des Kaisers vorbehaltenen Materien Verwaltungsverordnungen zu erlassen, d. h. Vorschriften, die sich lediglich an die unterstellten Behörden und Beamten richten, im Gegensatz zu Rechtsverordnungen, d. h. Vorschriften, die an die Untertanen gerichtet sind und diese in ihrer persönlichen Freiheit beschränken (Stengel, Rechtsverhältnisse S. 51).

Die kaiserlichen Verordnungen müssen sich in den durch das delegierende Gesetz gezogenen Schranken halten, bedürfen zu ihrer Gültigkeit der Gegenzeichnung des Reichskanzlers (Verfassung Art. 17) und sind gemäß

§ 1 der Verordnung, betr. die Einführung des Bundesgesetzblattes für den norddeutschen Bund vom 26. Juli 1867 (BGBl. S. 24) im RGBl. zu verkündigen.

Über den Zeitpunkt des Inkrafttretens von Verordnungen vgl. Anm. 1 zu § 30.

7. Bisher ist keine Verordnung auf Grund des Abs. 2 erlassen worden.

§ 2.

Der Konsulargerichtsbarkeit sind unterworfen:

1. Deutsche, soweit sie nicht in dem Lande, in dem die Konsulargerichtsbarkeit ausgeübt wird, nach allgemeinen völkerrechtlichen Grundsätzen das Recht der Exterritorialität genießen;
2. Ausländer, soweit sie für ihre Rechtsverhältnisse durch Anordnung des Reichskanzlers oder auf Grund einer solchen dem deutschen Schutze unterstellt sind (Schutzgenossen).

Den Deutschen (Abs. 1 Nr. 1) werden gleichgeachtet Handelsgesellschaften, eingetragene Genossenschaften und juristische Personen, wenn sie im Reichsgebiet oder in einem deutschen Schutzgebiet ihren Sitz haben, juristische Personen auch dann, wenn ihnen durch den Bundesrat oder nach den bisherigen Vorschriften durch einen Bundesstaat die Rechtsfähigkeit verliehen worden ist. Das gleiche gilt von offenen Handelsgesellschaften und Kommanditgesellschaften, die in einem Konsulargerichtsbezirk ihren Sitz haben, wenn die persönlich haftenden Gesellschafter sämtlich Deutsche sind. Andere als die bezeichneten Handelsgesellschaften, eingetragenen Genossenschaften und juristischen Personen werden den Ausländern (Abs. 1 Nr. 2) gleichgeachtet.

Durch Anordnung des Reichskanzlers oder auf Grund einer solchen kann bestimmt werden, daß die im Abs. 2 Satz 1 bezeichneten Handelsgesellschaften, eingetragenen Genossenschaften und juristischen Personen, wenn Ausländer daran beteiligt sind, der Konsulargerichtsbarkeit nicht unterstehen.

Dienstanweisung zum § 2.

Die Anordnung des Reichskanzlers, betreffend die Konsulargerichtsbarkeit über Schutzgenossen, vom 27. Oktober 1900 (Zentralblatt für das Deutsche Reich S. 574) bestimmt, wer Schutzgenosse im Sinne des § 2 Abs. 1 Nr. 2, Abs. 2 Satz 3 des Gesetzes ist, sowie für welche Rechtsverhältnisse diese Schutzgenossen dem deutschen Schutze und damit der Konsulargerichtsbarkeit unterstehen.

Der § 1 dieser Anordnung nimmt auf Vorschriften Bezug, nach denen der deutsche Konsularschutz bestimmten Personenklassen allgemein gewährt wird. Diese Vorschriften finden sich: für die im § 1 Nr. 1 bis 3 bezeichneten Schutzgenossen in der Instruktion, betreffend die Erteilung des von den Kaiserlich deutschen Konsulatsbehörden zu gewährenden Schutzes im türkischen Reiche etc., vom 1. Mai 1872, deren Bestimmungen in allen Konsulargerichtsbezirken eingeführt sind und auch weiterhin Geltung behalten; für die in Nr. 4, 5 bezeichneten Schutzgenossen in der Konvention über die Ausübung des Schutzrechts in Marokko vom 3. Juli 1880 (Reichs-

Gesetzbl. 1881 S. 103) sowie in dem Freundschafts-, Handels- und Schiffahrtsvertrage zwischen dem Deutschen Reiche und dem Sultan von Zanzibar vom 20. Dezember 1885 (Reichs-Gesetzbl. 1886 S. 261).

Nach § 2 Nr. 2 der Anordnung können Handelsgesellschaften und Genossenschaften, die an sich den Ausländern gleichstehen, in Sachen des bürgerlichen Rechts dem deutschen Schutze unterstellt werden. Diese Unterstellung erstreckt sich aber nur auf die Gesellschaften selbst, sodaß die an ihnen beteiligten Fremden, soweit es sich um ihr Verhältnis zur Gesellschaft und zu den anderen Gesellschaftern handelt, der Konsulargerichtsbarkeit nicht unterliegen.

In der Anordnung sind die Eingeborenen der deutschen Schutzgebiete nicht als Schutzgenossen aufgefürt. Diese Personen sind daher, sofern sie nicht die Reichsangehörigkeit erworben haben, der Konsulargerichtsbarkeit nicht unterworfen.

1. Die Vorschriften darüber, welche Personen der Konsulargerichtsbarkeit unterworfen sind, sind zwingenden Rechts insofern, als erstens solche Personen, wenn sie sich nicht auf Bestimmungen der völkerrechtlichen Grundlagen der Konsulargerichtsbarkeit (s. Anm. 2 zu § 1) stützen können, sich dieser Gerichtsbarkeit nicht entziehen können, und zweitens der deutschen Konsulargerichtsbarkeit nicht unterworfene Personen nicht Beklagte oder Angeklagte vor deutschen konsulargerichtlichen Behörden sein können. Es ist deshalb eine nach inländischem Recht begründete passive Streitgenossenschaft, eine nach ihm zulässige Widerklage oder eine durch dieses gestattete Verbindung von Strafsachen ausgeschlossen, wenn diejenigen, gegen die sich der Anspruch oder die Beschuldigung richtet, nicht zu den der deutschen Konsulargerichtsbarkeit unterworfenen Personen gehören. Ein Urteil in die Kosten eines Rechtsstreits kann aber gegen jede Person ergehen (vgl. Anm. 3 zu § 46).

2. Wer Deutscher ist, bestimmt sich nach dem Gesetz über den Erwerb und Verlust der Landes- und Staatsangehörigkeit vom 1. Juni 1870 (BGBl. S. 355) in der Fassung des Art. 41 EG. z. BGB. und nach § 9 des Schutzgebietsgesetzes vom 25. Juli 1900 (RGBl. S. 813).

3. Nach allgemeinen völkerrechtlichen Grundsätzen — diese Worte sind gewählt, weil in den Konsulargerichtsbezirken im gewissen Sinne jeder Deutsche exterritorial ist — genießen das Recht der Exterritorialität: Souveräne und deren zum Hause gehörige Familienmitglieder nebst Gefolge, Truppen, die mit besonderer Erlaubnis durchziehen, und Truppen in Feindesland, Gesandschaftswachen, die Chefs und Mitglieder der beglaubigten Missionen mit ihren Familiengliedern, Geschäftspersonal und Bediensteten. Sie sind der Konsulargerichtsbarkeit nicht unterworfen, soweit sie das Recht der Exterritorialität genießen, sind ihr also soweit, als ihre Exterritorialität nicht reicht, also insbesondere für den ausschließlichen dinglichen Gerichtsstand unterworfen (Begründung S. 15).

Durch einen Verzicht auf das Recht der Exterritorialität kann eine Unterwerfung unter die Konsulargerichtsbarkeit nicht herbeigeführt werden (vgl. Anm. 1).

Über den Fall, daß der Konsul selbst Prozeßpartei ist, vgl. Anm. 8 zu § 6. Vgl. im übrigen ZPO. § 15, StPO. § 11, G. über die Angelegenheiten der freiwilligen Gerichtsbarkeit § 3 (RGBl. 1898 S. 771), G., betr. die Rechtsverhältnisse der Reichsbeamten vom 31. März 1873, §§ 21 f. (RGBl. S. 61).

4. Die in der Dienstanweisung erwähnte Anordnung des Reichskanzlers, betreffend die Konsulargerichtsbarkeit über Schutzgenossen, vom 27. Okt. 1900 ist im Anhang abgedruckt, die Instruktion, betreffend die Erteilung des von den kaiserlich deutschen Konsularbehörden zu gewährenden Schutzes im türkischen Reiche mit Einschluß von Egypten, Rumänien und Serbien, sowie in China

und Japan vom 1. Mai 1872 findet sich bei Prof. Dr. Ph. Zorn, Die Konsulargesetzgebung des Deutschen Reichs, J. Guttentag, Berlin 1901, S. 308, und bei König, Konsularwesen S. 608.

Die Streitfragen, die der frühere Rechtszustand über das Recht der Schutzgenossen aufkommen ließ, sind durch die jetzige Fassung des Gesetzes (vgl. darüber Begründung S. 16), vor allem aber durch die eben erwähnte Anordnung des Reichskanzlers vom 27. Okt. 1900 beseitigt worden. Mit diesen Fragen beschäftigten sich folgende Entscheidungen: Beschluß des ersten Zivilsenats des RG. vom 19. Jan. 1895 (RGZ. Bd. 34 S. 107 und in der Juristischen Wochenschrift 1895 S. 84), Beschluß des 1. Zivilsenats des RG. vom 11. Febr. 1896 (RGZ. Bd. 36 S. 172, und bei Bolze, Praxis des RG. in Zivilsachen Bd. 22 S. 241 Nr. 504) und die Entscheidung des RG. vom 19. Febr. 1896 (Juristische Wochenschrift 1896 S. 178).

5. Der Umfang der Konsulargerichtsbarkeit ist erweitert worden durch Aufhebung des in § 1 des früheren Gesetzes aufgestellten Erfordernisses, nach dem die betreffenden Deutschen oder Schutzgenossen in den Konsulargerichtsbezirken wohnen oder sich aufhalten mußten. Die Beschränkung wurde aufgehoben, da sie Mißstände zur Folge gehabt hatte. Deutsche, die nicht in einem Konsulargerichtsbezirk wohnten oder sich aufhielten, unterstanden hinsichtlich ihres dortigen Vermögens unter Umständen gar keiner Gerichtsbarkeit; strafbare Handlungen, die in den Konsulargerichtsbezirken begangen waren, begründeten die Zuständigkeit des Konsulargerichts nicht, wenn der Täter den Bezirk vor Einleitung des Strafverfahrens verlassen hatte; auch war es zweifelhaft, ob der Konsul in Grundbuch- und Nachlaßsachen für die in seinem Bezirke befindlichen Grundstücke und Nachlässe zuständig war, falls die Beteiligten in diesem Bezirke weder Wohnsitz noch Aufenthalt hatten (Begründung S. 15). Jetzt sind die sämtlichen örtlichen Gerichtsstände in den Konsulargerichtsbezirken eingeführt, sodaß z. B. in bürgerlichen Rechtsstreitigkeiten die besonderen Gerichtsstände der §§ 23—32 ZPO., in Strafsachen der in § 7 StPO. aufgeführte Gerichtsstand der begangenen Tat, in Grundbuchsachen der dingliche Gerichtsstand des Art. 1 des preußischen AG zur Grundbuchordnung und in Nachlaßsachen die in den §§ 73, 74 des G. über die Angelegenheiten der freiwilligen Gerichtsbarkeit vorgesehenen Gerichtsstände zur Anwendung kommen können.

§ 3.

Die Militärgerichtsbarkeit wird durch dieses Gesetz nicht berührt.

Dieser Paragraph ist dem § 7 EG. z. GVG. nachgebildet; vgl. § 5 des Schutzgebietsgesetzes vom 25. Juli 1900 (RGBl. S. 813). Er beschränkt die Konsulargerichtsbarkeit nur in Strafsachen. Denn § 39 Abs. 1 des Reichsmilitärgesetzes vom 2. Mai 1874 (RGBl. S. 45) bestimmt:

„Die besondere Gerichtsbarkeit über Militärpersonen beschränkt sich auf Strafsachen und wird durch Reichsgesetz geregelt.“

Diese Regelung erfolgte durch die Militär-Strafgerichtsordnung vom 1. Dez. 1898 (RGBl. S. 1185) nebst Einführungsgesetz (RGBl. S. 1289). Der Beginn der Geltung dieser Gesetze wurde durch Kaiserliche Verordnung vom 28. Dez. 1899 (RGBl. 1900 S. 1) auf den 1. Okt. 1900 festgesetzt. Die §§ 1—11 der Militärstrafgerichtsordnung bestimmen den Umfang der Militärgerichtsbarkeit.

Ob die der Militärgerichtsbarkeit unterliegenden Personen der Konsulargerichtsbarkeit auch in anderen Angelegenheiten als Strafsachen entzogen sind, ist nach § 2 KGG. zu entscheiden (vgl. insbesondere Anm. 2 dortselbst).

Zweiter Abschnitt.

Gerichtsverfassung.

§ 4.

Die Konsulargerichtsbezirke werden von dem Reichskanzler nach Vernehmung des Ausschusses des Bundesrats für Handel und Verkehr bestimmt.

1. Die Befugnis des Reichskanzlers, die zur Ausführung des Gesetzes erforderlichen Anordnungen zu erlassen (§ 80), wird bei der Bestimmung der Gerichtsbezirke durch die Vorschrift eingeschränkt, daß der Ausschuß des Bundesrats für Handel und Verkehr (Reichsverfassung Art. 8 Nr. 4) vorher von ihm zu vernehmen ist. Die Genehmigung der Vorschläge des Reichskanzlers durch diesen Ausschuß wird nicht ausdrücklich gefordert, sodaß der Reichskanzler auch bei Widerspruch an ihnen festhalten könnte.

2. Dem Reichskanzler ist es überlassen, wie er seine Bestimmungen über die Gerichtsbezirke bekannt machen will. Gewöhnlich bringt das Zentralblatt für das Deutsche Reich die Bekanntmachungen darüber. Das Verzeichnis der kaiserlich deutschen Konsulate, das jährlich vom Auswärtigen Amt herausgegeben wird, gibt die Konsulargerichtsbezirke an.

3. Die Konsulargerichtsbezirke brauchen nicht mit den Konsulatsbezirken zusammenzufallen und fallen auch tatsächlich nicht mit ihnen zusammen. Es hat sich als zweckmäßig gezeigt, mehrere Konsulatsbezirke zu einem Konsulargerichtsbezirk zu vereinigen, insbesondere den Konsulatsbezirk eines Wahlkonsuls mit dem anstoßenden Konsulatsbezirk eines Berufskonsuls zu einem Gerichtsbezirk unter dem Berufskonsul zusammen zu ziehen (vgl. Bericht S. 5).

Während das Gesetz sonst stets vom „Konsulargerichtsbezirk“ oder „Gerichtsbezirk“ spricht, gebraucht der § 12 das Wort „Bezirk“; in ihm ist der Konsulatsbezirk und nicht der Konsulargerichtsbezirk gemeint (s. Anm. 4 zu § 12), ebenso wie in der Dienstanweisung zum § 23 Nr. 2.

§ 5.

Die Konsulargerichtsbarkeit wird durch den Konsul (§ 2 des Gesetzes, betreffend die Organisation der Bundeskonsulate vom 8. November 1867), durch das Konsulargericht und durch das Reichsgericht ausgeübt.

1. Über die Gerichtskonsuln s. §§ 6 und 7, über die Konsulargerichte §§ 8 bis 13, über das Reichsgericht § 14.

2. Der § 2 des Gesetzes, betreffend die Organisation der Bundeskonsulate vom 8. Nov. 1867 lautet:

„Unter Konsul im Sinne dieses Gesetzes ist der Vorsteher eines Generalkonsulats, Konsulats oder Vizekonsulats zu verstehen.“

Die Bezeichnung „Vorsteher“ umfaßt auch den nach Maßgabe der bestehenden gesetzlichen Vorschriften ernannten Stellvertreter (vgl. Allgemeine Dienstinstruktion z. Ges. vom 8. Nov. 1867 zu § 2). Der letztere hat daher, wie alle übrigen Verrichtungen des verhinderten Konsuls, so auch die bei Ausübung der Gerichtsbarkeit wahrzunehmen (Begr. z. fr. Ges. StenB. Bd. IV S. 579); für ihn ist die besondere Ermächtigung des § 6 KGG. zur Ausübung der Gerichtsbarkeit nicht erforderlich, wenn der verhinderte Konsul hierzu ermächtigt war.

3. Die Bestimmung des preußischen Gesetzes vom 29. Juni 1865 (§ 5), nach der in der Regel auch der Kanzler einer Gesandtschaft zur Ausübung der Gerichtsbarkeit befugt war, ist 1879 aufgehoben worden. Ihm kann jetzt nur noch gemäß § 6 Abs. 2 eine solche Befugnis erteilt werden.

§ 6.

Der Konsul ist zur Ausübung der Gerichtsbarkeit befugt, wenn er dazu von dem Reichskanzler ermächtigt wird.

Der Reichskanzler kann neben dem Konsul sowie an dessen Stelle einem anderen Beamten die dem Konsul bei der Ausübung der Gerichtsbarkeit obliegenden Verrichtungen übertragen.

Dienstanweisung zum § 6.

Ist ein Konsulargerichtsbezirk derart bestimmt, daß er einem dem Amtssitze nach bezeichneten Konsul oder Konsulate zugewiesen wird, so ist der jeweilige Vorsteher des Konsulats (§ 2 des Konsulatsgesetzes vom 8. November 1867 sowie die dazu ergangene Allgemeine Dienst-Instruktion) für diesen Bezirk zur Ausübung der Konsulargerichtsbarkeit ermächtigt, sofern nicht von dem Reichskanzler ein anderes verfügt wird.

Die im § 6 Abs. 2 vorgesehene Übertragung der richterlichen Befugnisse des Konsuls auf einen anderen Beamten erfolgt durch Verfügung des Reichskanzlers. Jedoch ist der zur Ausübung der Gerichtsbarkeit befugte Vorsteher des Konsulats ermächtigt, Konsulatsbeamten, die zum inländischen Richteramte befähigt sind, die Erledigung einzelner zur Zuständigkeit des Konsuls (§ 7 des Gesetzes) gehörenden richterlichen Geschäfte zu übertragen. Diese Ermächtigung erstreckt sich nicht auf die Urteilsfällung, die Entscheidung über Durchsuchungen, Beschlagnahmen und Verhaftungen, sowie auf die in den §§ 12, 13, 16, 17 des Gesetzes bezeichneten Geschäfte.

Wenn von dem Reichskanzler neben dem Konsul die diesem bei der Ausübung der Gerichtsbarkeit zustehenden Befugnisse einem anderen Beamten übertragen werden, so führt der Vorsteher des Konsulats die allgemeine Dienstaufsicht. Er bestimmt in Ermangelung einer besonderen Verfügung des Reichskanzlers, in welcher Weise die richterlichen Geschäfte zu verteilen sind. Von der Geschäftsverteilung ist dem Reichskanzler Anzeige zu erstatten.

Werden nach den vorstehenden Bestimmungen Handlungen der Gerichtsbarkeit durch einen anderen Beamten als den ständigen Vorsteher des Konsulats vorgenommen, so ist dieser Beamte als an Stelle des Konsuls handelnd zu bezeichnen.

1. Dieser Paragraph regelt die Ermächtigung von Konsuln oder anderen Beamten zur Ausübung der Gerichtsbarkeit. Ihre Anstellung richtet sich nach anderen gesetzlichen Bestimmungen: die Konsuln werden gemäß Art. 56 der Reichsverfassung durch den Kaiser nach Vernehmung des Ausschusses des Bundesrats für Handel und Verkehr angestellt; für die Anstellung der anderen Beamten können verschiedene Vorschriften maßgebend sein, da nicht bestimmt ist, daß sie Reichsbeamte sein müssen.

2. Da die §§ 2—11 GVG. in den Konsulargerichtsbezirken keine Anwendung finden (s. Anm. 1 zu § 18), wird gesetzlich das Vorliegen besonderer persönlicher Eigenschaften der Konsuln als Voraussetzung der Ermächtigung nicht gefordert. Es können deshalb außer Berufskonsuln, die nach § 7 des Konsulatsgesetzes vom 8. Nov. 1867 eine juristische Vorbildung genossen oder eine Konsulatsprüfung bestanden haben müssen, auch

Wahlkonsuln, für die diese Erfordernisse nicht aufgestellt sind (vgl. § 9 dortselbst), ermächtigt werden. Nach dem zuletzt angeführten Paragraphen können zu Wahlkonsuln auch Personen ernannt werden, die die deutsche Reichsangehörigkeit nicht besitzen. Ein derartiger Wahlkonsul kann der Gerichtsbarkeit eines anderen Staates unterworfen sein.

3. Die persönlichen Rechts- und Disziplinarverhältnisse des Konsuls werden durch die Ermächtigung zur Ausübung der Gerichtsbarkeit nicht geändert. Die Bestimmungen des Konsulatsgesetzes vom 8. Nov. 1867 und des G., betreffend die Rechtsverhältnisse der Reichsbeamten vom 31. März 1873 (RGBl. S. 61) bleiben für ihn maßgebend. Er kann deshalb, ebenso wie vorher, jederzeit einstweilen in den Ruhestand versetzt werden.

Der Konsul ist auch bei Ausübung der Gerichtsbarkeit nur der Aufsicht des Reichskanzlers unterworfen (§ 3 des Konsulatsgesetzes, § 80 KGG.), nicht etwa auch der des Gesandten. Über Angelegenheiten der Justizverwaltung betreffende, nicht prozessuale Beschwerden, die im Aufsichtswege zu erledigen sind, entscheidet der Reichskanzler in erster und letzter Instanz.

4. Abs. 2. „Bei manchen Konsulaten kann der Umfang der Geschäfte so erheblich sein, daß ihm die Arbeitskraft des Vorstehers nicht gewachsen ist. Bei anderen Konsulaten können die aus der Gerichtsbarkeit entspringenden Aufgaben ihrer Wichtigkeit nach hinter Aufgaben anderer, z. B. handelspolitischer Natur, zurücktreten; es kann daher geboten sein, das Amt des Vorstehers einer nicht juristisch gebildeten und darum für die Ausübung der Gerichtsbarkeit minder geeigneten Persönlichkeit zu übertragen." (Begr. z. fr. Ges. StenB. Bd. IV S. 579.)

Das oben in den Anm. 2 und 3 Gesagte findet im Falle des Abs. 2 entsprechende Anwendung.

5. Wo in diesem Gesetz der Ausdruck „Konsul" gebraucht wird, ist nur ein durch Anordnung des Reichskanzlers im Sinne dieses Paragraphen befugter Beamter zu verstehen, und zwar mit Ausnahme der Fälle des § 23 Abs. 4 und des § 51 sowohl ein zur Ausübung der Gerichtsbarkeit ermächtigter Konsul als ein anderer Beamter, dem die dem Konsul bei Ausübung der Gerichtsbarkeit obliegenden Verrichtungen übertragen sind (Anm. 2 zu § 23).

6. Falls bei der Rechtsprechung ein nicht durch Anordnung des Reichskanzlers befugter Beamter als „Konsul" tätig ist, ist das Gericht nicht vorschriftsmäßig besetzt (vgl. StPO. § 377 Nr. 1, § 369 Abs. 2; ZPO. § 551 Nr. 1, § 539).

7. Der Abs. 2 der Dienstanweisung gestattet dem mit Ausübung der Gerichtsbarkeit befugten Vorsteher des Konsulats, Konsulatsbeamten, die zum inländischen Richteramt befähigt sind, richterliche Geschäfte anzuvertrauen. Diese Bestimmung ist ungiltig; denn eine generelle Übertragung seiner ihm im § 6 Abs. 2 verliehenen Berechtigung durch den Reichskanzler muß, da im Gesetz nicht erwähnt, als ausgeschlossen angesehen werden, und preußische auf Grund GVG. § 10 giltige Vorschriften kommen nicht in Betracht, da sie die Gerichtsverfassung regeln.

8. Abs. 3 und 4 der Dienstanweisung. Wo ein Konsulatsbeamter neben dem Vorsteher zum zweiten Richterkonsul ernannt ist, haben beide zu einander in Gerichtssachen eine analoge Stellung wie mehrere Amtsrichter desselben Amtsgerichts (GVG. § 22). Die Teilung kann eine sachliche oder räumliche sein, auch kann einem der beiden Richter nur eine subsidiäre Gerichtsbarkeit (für den Fall der Verhinderung des anderen Richters) eingeräumt sein. Falls ein Konsularbeamter an Stelle des Vorstehers zum alleinigen Richterkonsul des Bezirks er-

nannt ist, so ist er der Natur der Sache nach in der Rechtsprechung unabhängig und nur hinsichtlich seiner amtlichen Tätigkeit im allgemeinen der Aufsicht des Konsulatsvorstehers unterworfen.

Wenn der Richterkonsul aus rechtlichen Gründen, z. B. in eigener Angelegenheit, wegen Interesses an der Sache usw. an der Ausübung des Richteramts verhindert ist, so kann dasselbe auch nicht vom Stellvertreter ausgeübt werden, da die Gerichtsbarkeit des letzteren lediglich in seiner Stellung als Amtsgehilfe des ersteren ihren rechtlichen Grund hat. Natürlich steht dagegen umgekehrt nichts im Wege, daß im Falle rechtlicher Unfähigkeit des stellvertretenden Richterkonsuls der in erster Linie zur Rechtsprechung berufene Richterkonsul den betreffenden Rechtsfall zur Entscheidung an sich zieht (Brauer, Justizgesetze S. 72).

Über die Übertragung einer Sache durch das Reichsgericht an ein anderes Gericht im Falle der Verhinderung des Konsuls Anm. 5 zu § 9.

§ 7.

Der Konsul ist zuständig:

1. für die durch das Gerichtsverfassungsgesetz, die Prozeßordnungen und die Konkursordnung den Amtsgerichten zugewiesenen Sachen;
2. für die durch Reichsgesetze oder in Preußen geltende allgemeine Landesgesetze den Amtsgerichten übertragenen Angelegenheiten der freiwilligen Gerichtsbarkeit.

1. In bürgerlichen Rechtsstreitigkeiten kann durch Vereinbarung der Parteien der Konsul zuständig werden in Sachen, die an sich zur Zuständigkeit des Konsulargerichts gehören, und umgekehrt das Konsulargericht in

Sachen, die an sich zur Zuständigkeit des Konsuls gehören (vgl. ZPO. §§ 38 ff. und § 504 Abs. 2, der nach § 41 KGG. im Verfahren vor dem Konsul und dem Konsulargericht Anwendung findet). Über Festsetzung des Wertes des Streitgegenstandes, von dem nach § 23 Nr. 1 GVG. die Zuständigkeit abhängen kann, und Rechtsmittel gegen Entscheidungen darüber vgl. Anm. 2 und 4 zu § 43. Die Zuständigkeitsbeschränkungen, die für die inländischen ordentlichen Gerichte durch das G., betreffend die Gewerbegerichte, vom 29. Juli 1890 (RGBl. S. 14) und das G., betreffend die Kaufmannsgerichte, vom 6. Juli 1904 (RGBl. S. 266) geschaffen sind, kommen in den Konsulargerichtsbezirken nicht in Betracht, da dort diese dem öffentlichen Recht angehörenden Vorschriften nicht gelten (KGG. § 19).

2. In Strafsachen kann der Konsul Strafbefehle gemäß §§ 447 ff. StPO. erlassen und auf Grund § 211 Abs. 2 StPO. ohne Beisitzer entscheiden, während letzteres Verfahren in Konsulargerichtsbezirken für Fälle des § 3 Abs. 3 EG. z. StPO. nicht in Betracht kommt (vgl. § 19 Nr. 2 KGG.); § 50 KGG. bezieht sich nur auf die dem Strafrecht angehörenden Vorschriften, nicht aber auf Vorschriften über das Verfahren in Strafsachen Senga, Konsulargerichtsbarkeit S. 64, verneint die Zulässigkeit eines Verfahrens auf Grund § 211 Abs. 2 StPO.: es sei die Zustimmung der Staatsanwaltschaft zu einem solchen erforderlich, an deren Mitwirkung aber fehle es nach § 15 KGG. in den Konsulargerichtsbezirken. Diese Begründung ist nicht stichhaltig, denn auch der Erlaß von Strafbefehlen setzt im inländischen Verfahren eine Mitwirkung der Staatsanwaltschaft (schriftlichen Antrag der Staatsanwaltschaft und Übereinstimmung der Staatsanwaltschaft und des Amtsrichters über die Strafe) voraus; man müßte also auch Strafbefehle für nicht zulässig im konsulargerichtlichen Verfahren erklären, sodaß es überhaupt keine

Strafsachen vor dem Konsul geben würde. Dem widersprechen aber mehrere Bestimmungen des KGG., z. B. der die Einspruchsfrist gegen Strafbefehle festsetzende § 62. Übrigens erwähnen auch die Begründung zum Entwurf des früheren Gesetzes (StenB. Bd. IV S. 580) und das Formular der Dienstanweisung für die Geschäftsübersicht in den Anm. 10a und 12 das Verfahren gemäß § 211 Abs. 2 StPO. Für die Zulässigkeit sind auch, soweit ersichtlich, alle anderen Schriftsteller, die sich allerdings über Senga's Einwand nicht auslassen. Über Rechtsmittel, falls ein Verfahren gemäß § 211 Abs. 2 StPO. stattgefunden hat, vgl. Anm. 6 zu § 63.

3. Im Gegensatz zur Ausdrucksweise des § 19 Nr. 1 und § 50 heißt es hier: „in Preußen geltende allgemeine Landesgesetze". Es handelt sich demnach nur um Gesetze, die in allen Provinzen Preußens Geltung haben (vgl. die Bemerkung des Abgeordneten Kirsch in der Reichstagssitzung vom 16. Jan. 1900, StenB. Bd. IV S. 3552 und den Bericht der Reichstagskommission S. 5).

§ 8.

Das Konsulargericht besteht aus dem Konsul als Vorsitzendem und zwei Beisitzern.

In Strafsachen sind in der Hauptverhandlung vier Beisitzer zuzuziehen, wenn der Beschluß über die Eröffnung des Hauptverfahrens ein Verbrechen oder ein Vergehen zum Gegenstande hat, das weder zur Zuständigkeit der Schöffengerichte noch zu den in den §§ 74, 75 des Gerichtsverfassungsgesetzes bezeichneten Handlungen gehört.

1. Das Konsulargericht ist nach dem Vorbild der Gesetzgebungen Frankreichs und Italiens geschaffen.

2. Der Konsul hat als Vorsitzender des Konsulargerichts die in den Prozeßordnungen den Gerichtsvorsitzenden übertragenen Verpflichtungen auszuüben.

3. Die Vergehen, die zur Zuständigkeit der Schöffengerichte gehören, sind aufgezählt GVG. § 27 Nr. 2 bis 8.

4. Bei einer Besetzung des Konsulargerichts mit vier Beisitzern ist zu einer jeden dem Angeklagten nachteiligen Entscheidung, welche die Schuldfrage betrifft, eine Mehrheit von vier Stimmen erforderlich (StPO. § 262).

§ 9.

Ist in bürgerlichen Rechtsstreitigkeiten die Zuziehung von zwei Beisitzern nicht ausführbar, so tritt an die Stelle des Konsulargerichts der Konsul.

Ist in Strafsachen die vorgeschriebene Zuziehung von vier Beisitzern nicht ausführbar, so genügt die Zuziehung von zwei Beisitzern.

Die Gründe, aus denen die Zuziehung von Beisitzern nicht ausführbar war, müssen in dem Sitzungsprotokoll angegeben werden.

1. Die Bestimmungen dieses Paragraphen sind für den Fall getroffen, daß der Zuziehung der erforderlichen Zahl von Beisitzern rechtliche oder tatsächliche Hindernisse entgegenstehen, um die mit der Übertragung der Sache an ein anderes Gericht notwendig verbundenen Weiterungen zu vermeiden. „In bürgerlichen Rechtsstreitigkeiten hat es sich ereignet, daß bei einem vor das Konsulargericht gehörigen Rechtsstreit so viele Personen aus der Zahl der Beisitzer und Stellvertreter wegen ihres unmittelbaren oder entfernteren Interesses zur Sache von der Ausübung des Richteramts ausgeschlossen

waren, daß ein Konsulargericht nicht gebildet werden konnte. Die Besorgnis, daß schon die Zuziehung von zwei Beisitzern nicht ausführbar sein möchte, ist nach den bisherigen Erfahrungen für Strafsachen nicht begründet. Deshalb glaubt der Entwurf die Möglichkeit von der eine wichtige Garantie des Strafverfahrens bildenden Mitwirkung der Beisitzer überhaupt abzusehen, dem Konsul nicht gewähren zu dürfen." Begr. z. fr. Ges. StenB. Bd. IV S. 579. Der letzte Satz bezieht sich nur auf die Fälle, wo auch im inländischen Verfahren ein Einzelrichter nicht entscheiden darf (Anm. 2 zu § 7).

2. Abgesehen von den Fällen, in denen nach den Prozeßordnungen ein Gericht aus zwei oder vier Personen bestehen kann, z. B. im Falle des § 320 ZPO., kann der Konsul und ein oder drei Beisitzer kein Gericht bilden. Vielmehr gilt, wenn alle Beisitzer und Hilfsbeisitzer mit Ausnahme eines einzigen verhindert sind, dasselbe, als wenn alle verhindert wären, und wenn sie mit Ausnahme dreier verhindert sind, dasselbe, als wenn alle bis auf zwei verhindert wären.

3. Da Abs. 3 sich auch auf Strafsachen beziehen soll, sind die Worte „Gründe, aus denen die Zuziehung von Beisitzern nicht ausführbar war" auszulegen als „Gründe, aus denen die Zuziehung der zur regelmäßigen Besetzung des Gerichts erforderlichen Zahl von Beisitzern nicht ausführbar war".

Derartige Gründe können die in den Prozeßordnungen aufgeführten sein, aus denen ein Richter kraft Gesetzes von der Ausübung des Richteramts ausgeschlossen ist (vgl. Anm. 2 zu § 11), oder erfolgreiche Ablehnung, Tod oder Krankheit eines Beisitzers, seine Abwesenheit aus dem Gerichtsbezirke oder in dringenden Fällen vielleicht auch die weite Entfernung seines Wohnsitzes vom Sitz des Gerichts bei schlechter Verbindung. Immer aber muß ein Grund vorliegen, aus dem die

Zuziehung nicht etwa nur erschwert, sondern, wie es im Gesetz heißt, unausführbar ist (vgl. Brauer, Justizgesetze S. 74).

4. Nach § 11 Abs. 2 und § 8 Abs. 2 können die Abweichungen von der regelmäßigen Besetzung des Gerichts nur in der mündlichen Verhandlung oder der Hauptverhandlung vorkommen. Sie müssen deshalb gemäß ZPO. § 159 Nr. 2 und StPO. § 272 Nr. 2 aus dem Sitzungsprotokoll ersichtlich sein. Abs. 3 des § 9 KGG. schreibt vor, daß das Sitzungsprotokoll auch die Gründe für die Abweichung angeben muß: es ist deshalb ein die Gründe angebender Beschluß zu verkünden.

Das Verfahren ist demnach folgendes. Nach dem Beginn des Termins, also in bürgerlichen Rechtsstreitigkeiten nach dem Aufruf der Sache (ZPO. § 220), in Strafsachen nach dem Aufruf der Zeugen und Sachverständigen (StPO. § 242), ist Beschluß darüber zu fassen, ob die Verhandlung vor nicht regelmäßig besetztem Gericht stattfinden soll. Im Bejahungsfall ist der Beschluß zu verkünden. Dieser Beschluß kann nicht durch Beschwerde angefochten werden (ZPO. § 567, StPO. § 347). Jedoch kann, falls er zu Unrecht erlassen, das Berufungsgericht die Sache an das Gericht erster Instanz zurückverweisen (ZPO. § 539, StPO. § 369 Abs. 2).

Wird die Frage, ob ein nicht regelmäßig besetztes Gericht statthaft ist, verneint, so ist kein Gericht vorhanden: es kann deshalb auch kein Beschluß auf Terminsverlegung oder Aussetzung der Verhandlung verkündet werden; vielmehr sind die weiter erforderlichen Beschlüsse außerhalb der Verhandlungen zu erlassen, und zwar nach § 11 Abs. 2 vom Konsul allein.

5. Sollte es in Strafsachen aus Gründen, die in der Persönlichkeit der Beisitzer liegen, unmöglich sein, ein Konsulargericht zu bilden, oder sollte in Strafsachen

oder bürgerlichen Rechtsstreitigkeiten ein Konsul, für den kein Stellvertreter eintreten kann, an der Ausübung des Richteramts rechtlich oder tatsächlich verhindert sein, so hat das Reichsgericht die Sache einem anderen Gerichte zu übertragen (StPO. § 50, ZPO. § 36 Nr. 1). Als „gleichstehendes Gericht eines anderen Bezirks" im Sinne dieser Gesetzesbestimmungen muß das Konsulargericht bezw. der Richterkonsul jedes anderen Konsulargerichtsbezirks angesehen werden, wenn auch die Konsulargerichtsbarkeit in den einzelnen Ländern Verschiedenheiten aufweist (s. Anm. 2 zu § 1).

§ 10.

Das Konsulargericht ist zuständig:

1. für die durch das Gerichtsverfassungsgesetz und die Prozeßordnungen den Landgerichten in erster Instanz sowie den Schöffengerichten zugewiesenen Sachen;
2. für die Verhandlung und Entscheidung über das Rechtsmittel der Beschwerde gegen die Entscheidungen des Konsuls in Strafsachen.

1. Dieser Paragraph regelt die Zuständigkeit des Konsulargerichts. In den Fällen der Nr. 1 bildet es die erste, in denen der Nr. 2 die zweite Instanz.

2. Zu den den Landgerichten in erster Instanz zugewiesenen Sachen gehören auch diejenigen, die nach GVG. § 101 vor die Kammern für Handelssachen gehören. Die Bildung solcher Kammern in den Konsulargerichtsbezirken ist ausgeschlossen; s. Anm. 1 zu § 18. Ausnahmen von der unter Nr. 1 des Paragraphen aufgestellten Regel werden durch die Vorschrift des § 11 Abs. 2 und durch im siebenten Abschnitt des Gesetzes enthaltene, besondere Vorschriften über das Verfahren in Strafsachen, wie durch den Wegfall der Voruntersuchung gemäß § 57, geschaffen. Über Prorogation usw. s. Anm. 1 zu § 7; über die zur Zuständigkeit des Reichsgerichts und der Schwurgerichte gehörigen Strafsachen s. § 55.

3. Das Konsulargericht ist in den Fällen der Nr. 2 für zuständig erklärt worden, weil das Rechtsmittel der Beschwerde, wenn man auch hier an dem Grundsatze, daß der Instanzenzug nach dem Inlande zu gehen habe, festhalten wollte, wegen der Vorschrift des § 349 Abs. 1 StPO. nahezu bedeutungslos werden würde; in den meisten Fällen würde vor der Entscheidung über die Beschwerde das ganze Verfahren erledigt sein (Begr. z. fr. Ges. StenB. Bd. IV S. 585).

Da das Konsulargericht ohne Beteiligung des Konsuls beschlußunfähig sein würde, es sei denn, daß für den Konsul auf Grund § 6 Abs. 2 ein Stellvertreter eintreten kann, ist die Bestimmung des § 64 Abs. 1 in das Gesetz aufgenommen worden. Sollte es trotz dieser Bestimmung oder aus Gründen, die in der Persönlichkeit der Beisitzer liegen, unmöglich sein, ein Konsulargericht zu bilden, so ist die Sache durch das Reichsgericht einem anderen Gericht zu übertragen (s. Anm. 5 zu § 9).

4. Wann Beschwerde zulässig ist, bestimmt mit der durch § 63 Abs. 1 KGG. geschaffenen Einschränkung StPO. § 346. Für Beschwerden gegen die Entscheidungen des Konsulargerichts ist nach § 14 Nr. 2 KGG. das Reichsgericht zuständig.

5. Die Entscheidung über eine Beschwerde in Strafsachen erfolgt ohne vorgängige mündliche Verhandlung. Eine Abänderung dieser Bestimmung des § 351 StPO. ist aus dem hier unter Nr. 2 gebrauchten Worte „Verhandlung" nicht zu entnehmen, durch das vielmehr nur zum Ausdruck gebracht werden soll, daß das Konsulargericht die einem Beschwerdegericht vor der Entscheidung zustehenden Befugnisse hat: es kann also nach § 350 StPO. dem Gegner des Beschwerdeführers (Privatkläger, Nebenkläger) die Beschwerde zur schriftlichen Gegenerklärung mitteilen und die etwa erforderlichen Ermittelungen anordnen oder selbst vornehmen.

§ 11.

In den vor das Konsulargericht gehörenden Sachen steht den Beisitzern ein unbeschränktes Stimmrecht zu.

In den im § 10 Nr. 1 bezeichneten Sachen nehmen die Beisitzer nur an der mündlichen Verhandlung und an den im Laufe oder auf Grund dieser Verhandlung ergehenden Entscheidungen teil; die sonst erforderlichen Entscheidungen werden von dem Konsul erlassen.

1. Die Bestimmung dieses Paragraphen entspricht dem im GVG. § 30 für die Schöffengerichte aufgestellten Grundsatz. Deswegen dürfen aber nicht weitere, für Schöffengerichte geltende Vorschriften, wie z. B. daß die Unterschrift des Vorsitzenden unter dem Urteil genügt (StPO. § 275), auf die Konsulargerichte übertragen werden (vgl. Anm. 3 und 6 zu § 12).

2. Den Beisitzern steht unbeschränktes Stimmrecht zu; soweit sie überhaupt zur Teilnahme berufen sind, üben sie also das Richteramt in vollem Umfange und mit gleichem Stimmrecht wie der Konsul aus, sind Richter wie dieser. Es finden deshalb auch auf sie die Vorschriften der Prozeßordnungen über Ausschließung und Ablehnung von Richtern Anwendung.

3. Die Bestimmung des Abs. 2 rechtfertigt sich nach der Begr. z. fr. Ges. (StenB. Bd. IV S. 582) durch die

Erwägung, daß das Konsulargericht keine ständige Behörde ist.

4. Zu den im Laufe der mündlichen Verhandlung ergehenden Entscheidungen können auch solche gehören, die in keiner Beziehung zur Urteilsfällung stehen, und solche, die auch ohne vorgängige mündliche Verhandlungen erlassen werden können (vgl. GVG. § 30).

5. In bürgerlichen Rechtsstreitigkeiten sind die auf Grund einer mündlichen Verhandlung ergehenden Entscheidungen zu verkünden; diese Verkündung gehört zur mündlichen Verhandlung (ZPO. §§ 160, 310, 329). Wird ein besonderer Termin zur Verkündung solcher Entscheidungen anberaumt, so müssen deshalb die Beisitzer auch an ihm teilnehmen, wenn nicht ein Ausnahmefall des § 9 Abs. 1 vorliegt.

In Strafsachen schließt die Hauptverhandlung mit der Erlassung des Urteils (StPO. § 259).. Auch hier müssen deshalb in der Regel die Beisitzer an einem Termin, der gemäß StPO. § 267 für eine spätere Urteilsverkündung anberaumt wird, teilnehmen.

6. Wird mündliche Verhandlung in Fällen, in denen sie fakultativ ist, vom Konsul in den im § 10 Nr. 1 bezeichneten Sachen angeordnet, so muß er die Beisitzer zuziehen. Es hängt deswegen in solchen Fällen von dem Beschluß des Konsuls ab, ob er als Alleinrichter oder ob das Konsulargericht zuständig ist.

7. Nach dem Schlußsatz dieses Paragraphen erläßt der Konsul allein in bürgerlichen Rechtsstreitigkeiten diejenigen Entscheidungen, die außerhalb der mündlichen Verhandlungen vorkommen und nicht auf Grund mündlicher Verhandlungen zu erlassen sind, und zwar auch, wenn im Inland die Zivilkammer in ihrer vollen Besetzung zu beschließen hätte. Er erläßt allein in Strafsachen die außerhalb der Hauptverhandlung erforderlichen Entscheidungen, also auch die, die im Inland von der

Strafkammer zu erlassen sein würden (GVG. § 72), wie z. B. die über Eröffnung des Hauptverfahrens (StPO. §§ 201 ff.), über die Zulassung des Antrages auf Wiederaufnahme des Verfahrens (StPO. §§ 407 ff., KGG. § 70), über die bei der Strafvollstreckung notwendig werdenden gerichtlichen Entscheidungen (StPO. § 494).

§ 12.

Der Konsul ernennt für die Dauer eines jeden Geschäftsjahres aus den achtbaren Gerichtseingesessenen oder in Ermangelung solcher aus sonstigen achtbaren Einwohnern seines Bezirkes vier Beisitzer und mindestens zwei Hilfsbeisitzer.

Die Gerichtseingesessenen haben der an sie ergehenden Berufung Folge zu leisten; die §§ 53, 55, 56 des Gerichtsverfassungsgesetzes finden entsprechende Anwendung.

Dienstanweisung zu den §§ 12, 13.

Das Geschäftsjahr ist das Kalenderjahr.

Die auf Ernennung und Beeidigung der Beisitzer und deren Stellvertreter sich beziehenden Verhandlungen und Protokolle sind zu besonderen Akten zu nehmen.

Die Konsuln haben Namen, Stand und Staatsangehörigkeit der von ihnen ernannten Beisitzer und Stellvertreter dem Reichskanzler anzuzeigen.

1. Zu Absatz 1. Der Konsul wählt die Personen für das Beisitzeramt und benachrichtigt sie von der getroffenen Wahl. Mit der Benachrichtigung ist die Ernennung vollzogen. Eine öffentliche Bekanntmachung der Beisitzerliste fordert das Gesetz nicht, die durch die

Dienstanweisung vorgeschriebene Anzeige an den Reichskanzler ist ohne rechtliche Bedeutung für die Gerichtsbarkeit. Einsicht in die Beisitzerliste zu nehmen kann nicht jeder verlangen, wohl aber findet StPO. § 24 letzter Satz in den Konsulargerichtsbezirken Anwendung.

2. Die Ernennung der Beisitzer durch den Konsul ist endgültig. Der Reichskanzler (vgl. Anm. 3 zu § 6) ist deshalb nicht berechtigt, auf Beschwerde einen Namen in der Beisitzerliste streichen zu lassen, er kann nur den Konsul anweisen, einen Beisitzer nicht zu Dienstleistungen heranzuziehen oder nicht wiederzuernennen.

3. Der Konsul ernennt die Beisitzer für die Dauer eines jeden Geschäftsjahres. Durch diese Fassung wird auch zum Ausdruck gebracht, daß die Ernennung vor Beginn des Geschäftsjahres erfolgen soll. Die Ernennung vor Beginn des Geschäftsjahres, also zu einer Zeit, in der in der Regel noch nicht feststeht, welche Sachen zur Verhandlung kommen, erhöht das Vertrauen auf eine unparteiische Rechtspflege. Es kann deshalb auch nicht als gestattet angesehen werden, für einen Beisitzer, der z. B. infolge Todes keinen Dienst mehr leisten kann, während des Geschäftsjahres einen anderen zu ernennen.

Jemand, der im laufenden Geschäftsjahre Beisitzer ist, kann für das kommende Geschäftsjahr zum Beisitzer wiederernannt werden. Eine Wiederernennung wird in Fällen, in denen Prozesse nicht vor Schluß des Geschäftsjahres beendet werden, wünschenswert sein, da GVG. § 50 in den Konsulargerichtsbezirken nicht gilt. (Vgl. Anm. 1 zu § 18).

4. Gerichtseingesessene sind diejenigen Deutschen oder Schutzgenossen, die im Konsulargerichtsbezirk ihren Wohnsitz haben. In Ermangelung solcher ernennt der Konsul die Beisitzer aus sonstigen achtbaren Personen (Staatsangehörigen des Landes, in dem die Konsulargerichtsbarkeit ausgeübt wird, oder anderer Länder), doch müssen sie Einwohner seines Bezirks sein, d. h. seines Konsulatsbezirks, nicht etwa eines zum Konsulatsbezirk nicht gehörigen Teiles des Konsulargerichtsbezirks. Daß hier der Konsulatsbezirk gemeint ist, ergibt sich aus folgendem: im Gegensatz zu der sonstigen Ausdrucksweise des Gesetzes (Anm. 3 zu § 4) ist das Wort „Bezirk" gebraucht, der Gesetzgeber wird in der Erwägung, daß es an einer genügenden Zahl von Einwohnern, die nicht Gerichtseingesessene sind und sich zu Beisitzern eignen, nie fehlen wird, sich für die Beschränkung auf den in manchen Fällen kleineren Bezirk wegen des Vorteils der geringeren Entfernung des Wohnsitzes der Beisitzer vom Gerichtssitze entschieden haben.

5. Die Beisitzer sollen aus achtbaren Personen gewählt werden. Die Begr. z. fr. Ges. (StenB. Bd. IV S. 579) erwähnt, daß schon bei der Beratung des preußischen Gesetzes vom 29. Juni 1865 allseitig anerkannt wurde, daß die Verhältnisse in den Konsulargerichtsbezirken es nicht gestatten, die Eigenschaften näher zu bezeichnen, von denen die Befähigung zum Beisitzer abhängen sollte.

Ob Achtbarkeit vorliegt, hat der Konsul zu entscheiden; hierbei kann ihm GVG. § 32 einen Anhalt geben.

6. Brauer, Justizgesetze S. 76 erklärt nach Analogie von GVG. § 62 den Konsul für berechtigt, Personen, bei welchen das einzige im Gesetz vorgeschriebene Erfordernis der Achtbarkeit nicht mehr zutrifft (z. B. wegen strafgerichtlicher Verurteilung, Eröffnung des Konkursverfahrens usw.), aus der Liste der Beisitzer zu streichen. Da eine in den Konsulargerichtsbezirken gültige gesetzliche Bestimmung dieses Inhalts fehlt, und die analoge Anwendung einer Bestimmung des Gerichtsverfassungsgesetzes (vgl. auch § 117 dortselbst) nicht gerechtfertigt

erscheint, ist dieser Ansicht nicht beizutreten. Dem Konsul steht aber frei, einen solchen Beisitzer nicht mehr zu den Dienstleistungen zuzuziehen. Hierdurch kann der Konsul einem Zweifel über das Vorliegen vorschriftsmäßiger Besetzung des Konsulargerichts (Goes, Kommentar Anm. 3 zu § 7) vorbeugen.

7. „Daß die Beisitzer männlichen Geschlechts sein müssen, ist als selbstverständlich nicht erwähnt". Goes, Kommentar Anm. 4 zu § 7.

8. Mit Unrecht folgern Brauer, Justizgesetze S. 75, Goes, Kommentar Anm. 5 zu § 7, und Caleb, Konsulargerichtsbarkeit in Bulgarien, Inaug. Diss., Straßburg 1903, daraus, daß die deutsche Sprache Gerichtssprache ist (s. Anm. 1 u. 2 zu § 18), es sei für die Beisitzer außer Achtbarkeit die Kenntnis der deutschen Sprache als unbedingtes Erfordernis anzusehen. Hätte der Gesetzgeber dies gewollt, so würde er es zweifellos bei dem häufig zu erwartenden Auftauchen dieser Frage in den Konsulargerichtsbezirken ausdrücklich vorgeschrieben haben. Wie bei Beteiligung von Beisitzern, die des Deutschen nicht mächtig sind, zu verhandeln ist, schreibt GVG. § 187 vor, der sich nicht wie Goes meint, nur auf die Beteiligung von der deutschen Sprache nicht mächtigen Personen als Nicht-Gerichtsmitgliedern (Zeugen, Parteien) bezieht. (Vgl. Löwe, Kommentar zur Strafprozeßordnung 1904, Anm. 2 zu GVG. § 187; RGSt. vom 7. Jan. 1898, Bd. 30, S. 399.)

9. Die Zahl von vier Beisitzern und zwei Hilfsbeisitzern ist unbedingt vorgeschrieben. Es ist dem Konsul gestattet, so viele weitere Hilfsbeisitzer zu ernennen, als er für dem Bedürfnis entsprechend hält.

„Wenn es durchaus unmöglich erscheinen sollte, in einem Bezirke geeignete Persönlichkeiten zu finden, welche zum Beisitzeramt berufen werden könnten, so würde dasselbe stattzufinden haben, als wenn die Zuziehung der ernannten Beisitzer in concreto unausführbar wäre." Brauer, Justizgesetze S. 75.

10. Die Tage der ordentlichen Sitzungen des Konsulargerichts für das ganze Jahr im voraus festzustellen ist nicht vorgeschrieben (s. unten Anm. 12; anders GVG. § 45 für Schöffengerichte).

Im Gesetz und in der Dienstanweisung fehlt eine Grundlage für Brauer's Behauptung (Justizgesetze S. 76), daß die Reihenfolge der Berufung der Beisitzer zu Beginn des Geschäftsjahres festzusetzen sei und die Berufung zu den einzelnen Sitzungen mittels einer schriftlichen Verfügung des Konsuls erfolge, welche die Tagesordnung enthalte. Seiner Ansicht, daß die Stellvertreter nur im Falle der Verhinderung der ordentlichen Beisitzer zu den Sitzungen heranzuziehen seien, tritt Goes, Kommentar Anm. 10 zu § 7 bei mit der Bemerkung, die Aufstellung der verschiedenen Begriffe „Beisitzer" und „Stellvertreter" — so hieß es im früheren Gesetz anstatt Hilfsbeisitzer — hätte sonst gar keinen Sinn; es sei deshalb das Gericht nicht vorschriftsmäßig besetzt, wenn nicht zunächst die Beisitzer einberufen seien. Es erscheint unrichtig, eine solche Folgerung aus dem Gebrauch eines Wortes zu ziehen. Insbesondere widerspricht aber der Meinung dieser Schriftsteller, daß die Bestimmung des § 10 des preußischen Gesetzes vom 29 Juni 1869, nach der die Stellvertreter für die Beisitzer in Abwesenheit oder Verhinderungsfällen eintreten, nicht in das Reichsgesetz aufgenommen ist. Bei stark beschäftigten Konsulargerichten wird es mit Schwierigkeiten verknüpft sein, jedesmal die Beisitzer zunächst einzuberufen.

11. Zu Absatz 2. Eine Bestimmung über eine Verpflichtung der Gerichtseingesessenen der an sie ergehenden Berufung als Beisitzer Folge zu leisten, war im früheren Gesetz nicht enthalten.

12. Bei Anwendung der §§ 53 und 56 GVG. findet nach § 15 KGG. eine Mitwirkung der Staatsanwaltschaft nicht statt.

§ 54 GVG., der die Entbindung der Schöffen von einer einzelnen Dienstleistung vorsieht, ist nicht für anwendbar erklärt worden, weil die Beisitzer des Konsulargerichts nicht wie die Schöffen für das ganze Jahr im voraus zu bestimmten Sitzungstagen einberufen, sondern nach dem Ermessen des Konsuls von Fall zu Fall herangezogen werden, mithin durch diesen ohne weiteres von der Dienstleistung befreit werden können (Begründung S. 18).

13. Aus GVG. § 55, der nur von Reisekosten spricht, ist zu folgern, daß die Beisitzer eine andere Vergütung oder Besoldung nicht beanspruchen können, wenn auch das Beisitzeramt nicht ausdrücklich, wie das Amt eines Schöffen, Geschworenen und Handelsrichters (GVG. §§ 31, 84, 111), für ein Ehrenamt erklärt ist: die Tätigkeit der Gerichtseingesessenen als Beisitzer bildet gleichsam ihre Gegenleistung für die Vergünstigung der Konsulargerichtsbarkeit.

14. Auf die Beisitzer, die nicht Gerichtseingesessene sind, bezieht sich Abs. 2 nicht, demnach gilt für sie auch nicht GVG. § 55. Der Konsul wird deshalb, um Schwierigkeiten vorzubeugen, die betreffenden Punkte durch eine Vereinbarung mit ihnen regeln müssen.

§ 13.

Die Beeidigung der Beisitzer erfolgt bei ihrer ersten Dienstleistung in öffentlicher Sitzung. Sie gilt für die Dauer des Geschäftsjahrs. Der Vorsitzende richtet an die zu Beeidigenden die Worte: „Sie schwören bei Gott dem Allmächtigen und Allwissenden, die Pflichten eines Beisitzers des deutschen

Konsulargerichts getreulich zu erfüllen und Ihre Stimme nach bestem Wissen und Gewissen abzugeben".

Die Beisitzer leisten den Eid, indem jeder einzeln, unter Erhebung der rechten Hand, die Worte spricht: „Ich schwöre es, so wahr mir Gott helfe." Ist ein Beisitzer Mitglied einer Religionsgesellschaft, der das Gesetz den Gebrauch gewisser Beteuerungsformeln an Stelle des Eides gestattet, so wird die Abgabe einer Erklärung unter der Beteuerungsformel dieser Religionsgesellschaft der Eidesleistung gleichgeachtet. Über die Beeidigung ist ein Protokoll aufzunehmen.

Dienstanweisung hierzu s. oben bei § 12.

1. Dieser Paragraph ist dem § 51 GVG. über die Beeidigung der Schöffen nachgebildet.

2. Wenn ein Beisitzer den ersten Dienst in einer der in § 10 Nr. 2 bezeichneten Sachen, die keine öffentliche Sitzung erfordern (vgl. Anm. 5 zu § 10), leistet, so muß der Beratung eine öffentliche Sitzung für die Beeidigung vorhergehen.

3. Bei Mitwirkung eines nicht vereidigten Beisitzers ist das Gericht unvorschriftsmäßig besetzt (vgl. Löwe, Kommentar zur Strafprozeßordnung 1904 11. Aufl. Anm. 4 z. GVG. § 51).

§ 14.

Das Reichsgericht ist zuständig für die Verhandlung und endgültige Entscheidung über die Rechtsmittel

1. der Beschwerde und der Berufung in den vor dem Konsul oder dem Konsulargerichte verhandelten bürgerlichen Rechtsstreitigkeiten und in Konkurssachen;
2. der Beschwerde und der Berufung gegen die Entscheidungen des Konsulargerichts in Strafsachen;
3. der Beschwerde gegen die Entscheidungen des Konsuls in den Angelegenheiten der freiwilligen Gerichtsbarkeit.

Dienstanweisung zu den §§ 14, 45, 55, 68.

Die Schreiben, womit Akten dem Reichsgericht oder dem Ober-Reichsanwalt übersandt werden, sind dem Reichskanzler zur Weiterbeförderung zu überreichen; in derselben Weise erfolgt die Rücksendung der Akten an den Konsul.

1. Die Entscheidung des Reichsgerichts ist endgültig. Demnach gibt es in Konsulargerichtssachen in der Regel zwei Instanzen. (Über die Ausnahmen vgl. unten Anm. 2.) Die Begr. z. fr. Ges. (StenB. Bd. IV S. 582) meint, in dem Wegfall der dritten Instanz könne eine Beeinträchtigung der Rechtsuchenden nicht gefunden werden, da sie schon in der zweiten Instanz die rechtliche Würdigung ihrer Sache durch das Reichsgericht erlangen, die im heimischen Verfahren erst in einer weiteren Instanz erfolgen würde.

2. Drei Instanzen gibt es im konsulargerichtlichen Verfahren, wenn gegen eine Entscheidung des Konsuls in Strafsachen Beschwerde an das Konsulargericht (KGG. § 10 Nr. 2) und gegen die Entscheidung dieses Gerichts eine auf Grund § 352 StPO. zulässige weitere Beschwerde,

die nach § 14 Nr. 2 KGG. an das Reichsgericht geht, eingelegt wird.

Nur eine Instanz gibt es in den Fällen des § 43 und § 63 Abs. 1 KGG. Die Zuständigkeit in Rechtshilfesachen regelt § 18 KGG.

3. Trotz der Gründe, die bei Beschwerden gegen Entscheidungen in Strafsachen für ein Abweichen von dem Grundsatz, daß der Instanzenzug nach dem Inland zu gehen habe, sprechen (vgl. Anm. 3 zu § 10), zwang die Gerichtsverfassung, bei Beschwerden gegen Entscheidungen des Konsulargerichts an diesem Grundsatz festzuhalten. Es sind aber die Fälle, in denen Beschwerden der letzteren Art zulässig sind, nach den Bestimmungen der §§ 347 und 352 StPO. nicht zahlreich.

4. Über die Besetzung usw. des Reichsgerichts fehlen in diesem Gesetz Bestimmungen; der Gesetzgeber betrachtet die für diese Behörde im inländischen gerichtlichen Verfahren maßgeblichen Vorschriften als so zu ihr gehörig, daß er eine ausdrückliche Bestimmung, nach der diese Vorschriften auch im konsulargerichtlichen Verfahren gelten, nicht für nötig hielt. Es finden deshalb hier ausnahmsweise (vgl. Anm. 1 zu § 18) Bestimmungen des GVG. über die Gerichtsverfassung, nämlich dessen Titel 9, Anwendung.

§ 15.

Eine Mitwirkung der Staatsanwaltschaft findet, soweit nicht in diesem Gesetz ein anderes vorgeschrieben ist, in den vor den Konsul oder das Konsulargericht gehörenden Sachen nicht statt.

1. Die Schwierigkeiten, die in der Anstellung von Staatsanwälten in den Konsulargerichtsbezirken entgegenstehen, haben zu der Bestimmung dieses Paragraphen geführt. Nach ihm findet eine Mitwirkung der Staatsanwaltschaft im allgemeinen in den vor den Konsul oder das Konsulargericht gehörenden Sachen nicht statt; kommen solche Sachen aber infolge Einlegung eines Rechtsmittels vor das Reichsgericht, so richtet sich die Mitwirkung der Staatsanwaltschaft nach den Vorschriften der Prozeßordnungen (vgl. Anm. 4 zu § 14).

2. Eine Ausnahme von der Regel dieses Paragraphen ist im § 42 vorgeschrieben (vgl. ferner Anm. 1—3 zu § 56).

§ 16.

Die Personen, welche die Verrichtungen der Gerichtsschreiber und der Gerichtsvollzieher, sowie die Verrichtungen der Gerichtsdiener als Zustellungsbeamten auszuüben haben, werden von dem Konsul bestimmt. Sofern diese Personen nicht bereits den Diensteid als Konsularbeamte geleistet haben, sind sie vor ihrem Amtsantritt auf die Erfüllung der Obliegenheiten des ihnen übertragenen Amtes eidlich zu verpflichten.

Das Verzeichnis der Gerichtsvollzieher ist in der für konsularische Bekanntmachungen ortsüblichen Weise, jedenfalls durch Anheftung an die Gerichtstafel bekannt zu machen.

Dienstanweisung zum § 16.

1. Gerichtsschreiber.

Als Gerichtsschreiber ist ein Beamter des Konsulats, oder falls dies nicht ausführbar ist, eine sonstige geeignete Person, die an dem Orte, wo der Konsul seinen Amtssitz hat, wohnen muß, unter

Vorbehalt des Widerrufs zu bestellen. Von der Bestellung ist dem Reichskanzler Anzeige zu machen.

Der Konsul kann in einzelnen Fällen, insbesondere bei Behinderung des nach Abs. 1 bestellten Gerichtsschreibers, dessen Verrichtungen einer anderen Person übertragen.

Der für Personen, die nicht den Diensteid als Konsulatsbeamte abgelegt haben, im § 16 des Gesetzes vorgesehene Eid ist dahin zu leisten:

„Ich schwöre bei Gott dem Allmächtigen und Allwissenden, die Obliegenheiten eines Gerichtsschreibers getreulich zu erfüllen, so wahr mir Gott helfe."

2. Gerichtsvollzieher.

Ein Gerichtsvollzieher ist jedenfalls an dem Orte, wo der mit Ausübung der Gerichtsbarkeit beauftragte Konsul seinen Amtssitz hat, zu bestellen. Er ist aus den Beamten des Konsulats oder aus den sonst für den Gerichtsvollzieherdienst geeigneten Personen zu wählen.

Die Anstellung erfolgt unter Vorbehalt des Widerrufs. In gleicher Weise können, soweit dies erforderlich erscheint, an den Amtssitzen der übrigen zu dem Konsulargerichtsbezirke gehörenden Konsulate oder an sonstigen Orten Gerichtsvollzieher bestellt werden.

Die Konsuln haben ein Verzeichnis der Gerichtsvollzieher zu führen. Die Eintragungen und Löschungen in dem Verzeichnisse sind dem Reichskanzler anzuzeigen. Auch sind alle Veränderungen in derselben Weise wie das Verzeichnis selbst bekannt zu machen.

Der Konsul ist befugt, nach seinem Ermessen in einzelnen Fällen die Verrichtungen des Gerichtsvollziehers anderen Personen zu übertragen. Soweit es sich hierbei um Geschäfte der Zwangsvollstreckung handelt, ist die Auswahl in erster Linie auf die Beamten der zum Gerichtsbezirke gehörenden Konsulate zu richten.

Der im § 16 für Personen, die nicht den Diensteid als Konsulatsbeamte abgelegt haben, vorgesehene Eid ist dahin zu leisten:

„Ich schwöre bei Gott dem Allmächtigen und Allwissenden, die Obliegenheiten eines Gerichtsvollziehers getreulich zu erfüllen, so wahr mir Gott helfe."

Um die Abnahme des Eides kann der mit der Ausübung der Gerichtsbarkeit beauftragte Konsul den Vorsteher eines anderen zu seinem Gerichtsbezirke gehörenden Konsulats ersuchen. Der im § 20 des Konsulatsgesetzes vorgesehenen besonderen Ermächtigung bedarf es in diesem Falle nicht. Das über die Beeidigung aufgenommene Protokoll ist dem ersuchenden Konsul zu übersenden.

Der Konsul führt die Dienstaufsicht über die zur Wahrnehmung des Gerichtsvollzieherdienstes berufenen Personen. Ihm liegt insbesondere ob, durch Erlaß von Geschäftsanweisungen für die ordnungsmäßige Ausführung der den Gerichtsvollziehern erteilten Aufträge Sorge zu tragen. Der Konsul hat darüber zu wachen, daß in den im § 156 des Gerichtsverfassungsgesetzes bezeichneten Fällen der Gerichtsvollzieher sich der Ausübung seines Amtes enthält.

Der Konsul hat den Personen, die Verrichtungen der Gerichtsvollzieher auszuüben haben, zu ihrer Legitimation eine mit dem Konsulatssiegel versehene Bestallungs-Urkunde einzuhändigen.

An Stelle eines besonderen Dienstsiegels haben die Gerichtsvollzieher das Konsulatssiegel unter Beaufsichtigung des Konsuls zu benutzen.

3. Gerichtsschreiber und Gerichtsvollzieher als Beamte bei der Aufnahme von Wechselprotesten.

Zur Aufnahme von Wechselprotesten (Artikel 41, 58, 62, 87 bis 91 der Wechselordnung) in den Konsulargerichtsbezirken sind außer den zur Ausübung der Gerichtsbarkeit ermächtigten Beamten auch die gemäß § 16 des Gesetzes zu Gerichtsschreibern oder Gerichtsvollziehern bestellten Personen befugt.

Diese werden in jedem einzelnen Falle durch den Vorsteher des Konsulats mit der Protest-Aufnahme beauftragt.

Die in Gemäßheit der Artikel 88 ff. der Wechselordnung aufzunehmenden Protest-Urkunden sind mit dem rücklaufenden Wechsel unter Zurückbehaltung einer Ausfertigung den Protestnehmern zu übermitteln.

Aus den zurückbehaltenen Protest-Ausfertigungen werden die nach Artikel 90 der Wechselordnung zu führenden Register bei jedem Konsulate für den betreffenden Gerichtsbezirk in der Weise gebildet, daß diese Ausfertigungen mit fortlaufenden Zahlen versehen und in ein mit dauerhaftem Einbande versehenes Register zusammengeheftet werden. Die entstehenden, in der Registratur des Konsulats aufzubewahrenden Bände sind von Zeit zu Zeit durch den Vorsteher des Konsulats in der Art abzuschließen, daß dieser die Anzahl der einzelnen Protest-Ausfertigungen hinter der letzten Ausfertigung durch seine Unterschrift unter Beifügung des Amtssiegels bezeugt.

Die so gebildeten Register sind auf Verlangen den Beteiligten vorzulegen.

4. Gerichtsdiener als Zustellungsbeamte.

Auf die Gerichtsdiener als Zustellungsbeamte finden die in Nr. 2 Abs. 1, 2, 4 bis 8 enthaltenen Bestimmungen entsprechende Anwendung.

Zur Ausübung der Verrichtungen des Gerichtsdieners als Zustellungsbeamten wird regelmäßig der Gerichtsvollzieher zu bestellen sein. In diesem Falle sind in der in Nr. 2 Abs. 5 aufgestellten Eidesnorm hinter die Worte „eines Gerichtsvollziehers" die Worte „sowie eines Gerichtsdieners als Zustellungsbeamten" aufzunehmen.

Personen, die lediglich zur Ausübung der Verrichtungen des Gerichtsdieners als Zustellungsbeamten bestellt sind, haben den im § 16 vorgesehenen Eid dahin zu leisten:

„Ich schwöre bei Gott dem Allmächtigen und Allwissenden, die Obliegenheiten eines Gerichtsdieners als Zustellungsbeamten getreulich zu erfüllen, so wahr mir Gott helfe."

1. Der verhältnismäßig geringe Umfang der richterlichen Geschäfte in den meisten Konsulargerichtsbezirken würde es nach der Begründung zum Entwurf des früheren Gesetzes (StenB. Bd. IV S. 580) nicht rechtfertigen, die Verrichtungen der Gerichtsschreiber und Gerichtsvollzieher besonderen Beamten zu übertragen, da in der Regel diese Verrichtungen von den vorhandenen Konsulatsbeamten versehen werden können.

2. Der § 16 gibt dem Konsul die Befugnis, die Personen zu bestimmen, welche die Verrichtungen der Gerichtsschreiber und der Gerichtsvollzieher auszuführen haben sowie die Verrichtungen der Gerichtsdiener als Zustellungsbeamten (vgl. über letztere ZPO. §§ 211 ff.). In der Dienstanweisung hat der Reichskanzler Vorschriften für die Auswahl der Personen gegeben; er ist ferner auf Grund seines Aufsichtsrechts stets in der Lage, nicht nur weitere Vorschriften in dieser Richtung zu geben, sondern auch die Bestimmungen des Konsuls wieder rückgängig machen und ihn die nach der Dienst-

anweisung immer unter Vorbehalt des Widerrufs zu machende Bestellung zurücknehmen zu lassen.

3. Nach Nr. 2 Abs. 6 der Dienstanweisung ist auch derjenige Vorsteher eines Konsulats zur Abnahme des für einen Gerichtsvollzieher vorgeschriebenen Eides befugt, der nicht vom Reichskanzler zur Abnahme von Eiden ermächtigt ist.

Der im darauffolgenden Absatz der Dienstanweisung erwähnte § 158 GVG. gilt auch in den Konsulargerichtsbezirken, da er eine Bestimmung über das Verfahren trifft (s. Anm. 1 zu § 18). Ein Verstoß gegen die Vorschrift des § 156 hat nach den Motiven zum Entwurf eines Gerichtsverfassungsgesetzes die Nichtigkeit des betreffenden Gerichtsvollzieherakts zur Folge (vgl. Motive zu § 126 in den Drucksachen des Reichstages 2. Legislaturperiode, 2. Session 1874 Nr. 4 S. 188).

4. Zum Absatz 2. Der Widerruf der Anstellung eines Gerichtsvollziehers ist in gleicher Weise wie die Anstellung bekannt zu machen (Bericht der Reichstagskommission, S. 6 bei § 17).

5. Über Zustellungen § 28, über Zustellungen, Ladungen und Vollstreckungen in Strafsachen § 53, über Gebühren, Tagegelder und Reisekosten § 73.

§ 17.

Die Personen, die zur Ausübung der Rechtsanwaltschaft zuzulassen sind, werden von dem Konsul bestimmt. Die Zulassung ist widerruflich.

Gegen eine Verfügung des Konsuls, durch die der Antrag einer Person auf Zulassung zur Ausübung der Rechtsanwaltschaft abgelehnt oder die Zulassung zurückgenommen wird, findet Beschwerde an den Reichskanzler statt.

Das Verzeichnis der zur Ausübung der Rechtsanwaltschaft zugelassenen Personen ist in der für konsularische Bekanntmachungen ortsüblichen Weise, jedenfalls durch Anheftung an die Gerichtstafel bekannt zu machen.

Dienstanweisung zum § 17.

Die Konsuln haben ein Verzeichnis der von ihnen zur Ausübung der Rechtsanwaltschaft zugelassenen Personen zu führen. Die Eintragungen und Löschungen in dem Verzeichnisse sind dem Reichskanzler anzuzeigen. Auch sind alle Veränderungen in derselben Weise wie das Verzeichnis selbst bekannt zu machen.

Über die Bedingungen der Zulassung von Rechtsanwälten lassen sich bestimmte Vorschriften nicht geben. Selbstverständlich wird nicht die für inländische Rechtsanwälte vorgeschriebene Befähigung verlangt werden können. Auch der Besitz der Reichsangehörigkeit ist nicht erforderlich. Wo geeignete Personen mit juristischer Vorbildung nicht vorhanden sind, können die Konsuln unter Umständen auch aus anderen Berufsklassen zuverlässige Personen, welche die nötige Geschäftskenntnis besitzen, zur Ausübung der Rechtsanwaltschaft zulassen. Eine Beeidigung der Rechtsanwälte findet nicht statt.

1. Die Begründung zum Entwurf des früheren Gesetzes (StenB. Bd. IV S. 580) führt aus: es könnte die Zulassung von Personen zur Rechtsanwaltschaft sich insofern als nicht unbedingt erforderlich darstellen, als für bürgerliche Rechtsstreitigkeiten der Anwaltszwang beseitigt ist; doch sei sie für Strafsachen unentbehrlich, da für die Fälle der notwendigen Verteidigung Personen, die zur Verteidigung bestellt werden können, in den Konsulargerichtsbezirken vorhanden sein müssen.

2. Der Konsul bestimmt die zur Ausübung der Rechtsanwaltschaft zuzulassenden Personen. Das Gesetz läßt ihm bei der Auswahl völlig freie Hand; nach der Dienstanweisung kann jede zuverlässige Person, die die nötige Geschäftskenntnis besitzt, zugelassen werden.

3. Daß die zuzulassende Person Reichsangehöriger ist, wird in der Dienstanweisung ausdrücklich als nicht erforderlich bezeichnet. Da auch nicht gefordert wird, daß sie Schutzgenosse ist, ist es möglich, daß ein Rechtsanwalt nicht Gerichtseingesessener ist (vgl. Anm. 2 zu § 42).

4. Auch Personen, die der deutschen Sprache nicht mächtig sind, können als Anwälte zugelassen werden (vgl. Anm. 8 zu § 12), nicht aber Frauen (vgl. Anm. 7 dortselbst). Die Zahl der Anwälte ist nicht beschränkt.

5. Mit Unrecht verneint Caleb, Konsulargerichtsbarkeit in Bulgarien, Inaug.Diss. Straßburg 1903, die Geltung der Rechtsanwaltsordnung vom 1. Juli 1878 (RGBl. S. 177). Richtig ist, daß die meisten ihrer Bestimmungen nicht anwendbar sind, da sie sich nur auf die Rechtsanwaltschaft bei den inländischen, ordentlichen Gerichten beziehen. Dies ist aber nicht für die Anwendbarkeit aller ihrer Bestimmungen entscheidend (Anm. 3 zu § 19). Es gelten deswegen z. B. in ihr gegebene Vorschriften über Rechte und Pflichten der Rechtsanwälte auch für die Rechtsanwälte in den Konsulargerichtsbezirken, die zu den im § 2 bezeichneten Personen gehören.

6. Die Widerruflichkeit der Zulassung bildet einen Ersatz des ehrengerichtlichen Verfahrens der Rechtsanwaltsordnung (s. vorige Anm.).

7. Die durch Abs. 2 zugelassene Beschwerde an den Reichskanzler ist an keine Form oder Frist gebunden. Eine Beschwerde gegen eine die Zulassung zurück-

nehmende Verfügung des Konsuls hat keine aufschiebende Wirkung.

8. Zu Abs. 3 vgl. Anm. 4 zu § 16.

Die Befugnis zur Ausübung der Rechtsanwaltschaft beginnt mit der Zulassung, nicht erst mit der Eintragung in das durch Abs. 3 vorgesehene Verzeichnis, da eine dem § 20 Abs. 3 der Rechtsanwaltsordnung entsprechende Bestimmung fehlt.

9. Wie in Fällen der notwendigen Verteidigung (StPO. § 140), in denen eine Hauptverhandlung ohne einen Verteidiger nicht stattfinden darf (StPO. § 145, § 377 Nr. 5), zu verfahren ist, wenn niemand vorhanden ist, der als Verteidiger bestellt werden kann (StPO. § 144), darüber fehlt es für das inländische und für das konsulargerichtliche Verfahren an einer Regelung. Für letzteres kommen wegen der Bestimmung des § 55 KGG. nur die Fälle des § 140 Abs. 2 StPO. in Betracht. Die leichteren Bedingungen für die Zulassung zur Ausübung der Rechtsanwaltschaft in den Konsulargerichtsbezirken werden häufig den Ausweg gestatten, daß eine geeignete Person ihre Zulassung beantragt, auf die sie nach Erledigung der Sache wieder verzichten könnte.

10. Der Konsul ist nicht berechtigt, Personen zur Ausübung des Notariats zuzulassen. Nach § 16 des Konsulatsgesetzes vom 8. Nov. 1867 steht den Konsuln selbst, und zwar ohne Unterschied, ob sie zur Ausübung der Gerichtsbarkeit ermächtigt sind oder nicht, das Recht zu, notarielle Verrichtungen auszuüben (vgl. aber EG. z. BGB. Art. 38 Nr. 1). Über die Zuständigkeit der Gerichtsschreiber und Gerichtsvollzieher zu Wechselprotesten s. Dienstanweisung zu § 16 Nr. 3.

11. Über „Verteidigung vor dem Reichsgericht" Anm. 3 zu § 69.

Über die Gebühren der Rechtsanwälte § 76.

Für die bei dem Reichsgerichte zugelassenen Rechtsanwälte gelten, auch wenn sie in Konsulargerichtssachen tätig sind, die inländischen Bestimmungen (vgl. Anm. 4 zu § 14), insbesondere auch die Vorschriften im fünften Abschnitt der Rechtsanwaltsordnung.

§ 18.

Die Vorschriften der §§ 157 bis 169 des Gerichtsverfassungsgesetzes und des § 2 des Reichsgesetzes über die Angelegenheiten der freiwilligen Gerichtsbarkeit finden auf die Leistung der Rechtshülfe unter den bei der Ausübung der Konsulargerichtsbarkeit mitwirkenden Behörden sowie unter diesen Behörden und den Behörden im Reichsgebiet oder in den deutschen Schutzgebieten mit der Maßgabe entsprechende Anwendung, daß für die im § 160 Abs. 1 des Gerichtsverfassungsgesetzes vorgesehene Entscheidung, sofern die Rechtshülfe von dem Konsul versagt oder gewährt wird, das Reichsgericht in erster und letzter Instanz zuständig ist.

1. Dieser Paragraph ist an die Stelle des § 13 des früheren Gesetzes getreten, welcher lautete:

„Die Vorschriften der Titel 13 bis 16 des Gerichtsverfassungsgesetzes finden auf die Ausübung der streitigen Gerichtsbarkeit mit der Maßgabe entsprechende Anwendung, daß die in § 183 vorgesehene Frist 2 Wochen beträgt."

Von den Vorschriften der Tit. 13 bis 16 GVG. sind jetzt nur noch die des Tit. 13 über Rechtshülfe (§§ 157 bis 169) ausdrücklich für anwendbar erklärt. Für die Vorschriften der anderen drei Titel, welche Öffentlichkeit und Sitzungspolizei, Gerichtssprache, Beratung und Abstimmung regeln, war dies, wie die Begründung (S. 18) mit Recht erklärt, nicht erforderlich. Denn die im GVG. neben den Vorschriften über die Gerichtsverfassung enthaltenen Vorschriften über das Verfahren gelten nach KGG. § 19 (s. a. Anm. 3 dortselbst) in den Konsulargerichtsbezirken ohne weiteres. Zu den Vorschriften über das Verfahren gehören jedenfalls die Tit. 14 bis 16; ob auch Tit. 17, erscheint fraglich. Während über die Nichtgeltung der §§ 2—11 GVG. kein Streit ist (s. Anm. 2 zu § 6), sind Brauer, Justizgesetze S. 71, und Goes, Kommentar Anm. 3 zu § 5, verschiedener Ansicht darüber, ob sich GVG. § 1 auf die Konsulargerichte erstreckt. Letzterer, der die Frage verneint, erklärt sie für nicht praktisch, da jedenfalls auch ohne ausdrückliche gesetzliche Vorschrift in der Konsulargerichtsbarkeit der Grundsatz des § 1 GVG. sachlich zur Geltung komme.

Über die Geltung der Bestimmungen des GVG. für das Reichsgericht Anm. 4 zu § 14.

2. Über die Gerichtssprache vor den deutschen Konsulargerichtsbehörden hat das RG. folgende Grundsätze aufgestellt. Schriftliche prozessualische Erklärungen, insbesondere auch in Schriftsätzen, die allein in fremder und nicht zugleich in deutscher Sprache abgegeben werden, sind als nicht abgegeben anzusehen und entbehren deshalb als Prozeßhandlungen der rechtlichen Wirksamkeit (Beschluß des 4. Zivilsenats vom 2. Okt. 1893, RGZ. Bd. 31 S. 428, und Urteil des 4. Zivilsenats vom 30. April 1900 in Gruchot's Beiträgen zur Erläuterung des deutschen Rechts, 1900, Bd. 44 S. 1177). Es besteht aber kein Anlaß, das Verfahren aus dem Grunde aufzuheben, weil die Klage und die Klagebeantwortung in fremder Sprache entgegengenommen wurden, da es sich in bürgerlichen Rechtsstreitigkeiten nach den Bestimmungen der ZPO. über das Verfahren vor den Amtsgerichten regelt (KGG. § 41) und deshalb die Klage auch durch den mündlichen Vortrag derselben erhoben werden und im Falle des § 187 GVG. auch ohne Zuziehung eines Dolmetschers verhandelt werden kann.

3. Vgl. § 75 KGG. Über Rechtshilfe s. Goes, Kommentar Anm. 3 zu § 13.

Dritter Abschnitt.

Allgemeine Vorschriften über das anzuwendende Recht.

§ 19.

In den Konsulargerichtsbezirken gelten für die der Konsulargerichtsbarkeit unterworfenen Personen, soweit nicht in diesem Gesetz ein anderes vorgeschrieben ist:

1. die dem bürgerlichen Rechte angehörenden Vorschriften der Reichsgesetze und der daneben innerhalb Preußens im bisherigen Geltungsbereiche des preußischen Allgemeinen Landrechts in Kraft stehenden allgemeinen Gesetze sowie die Vorschriften der bezeichneten Gesetze über das Verfahren und die Kosten in bürgerlichen Rechtsstreitigkeiten, in Konkurssachen und in den Angelegenheiten der freiwilligen Gerichtsbarkeit;
2. die dem Strafrecht angehörenden Vorschriften der Reichsgesetze sowie die Vorschriften dieser Gesetze über das Verfahren und die Kosten in Strafsachen.

1. Nach diesem Paragraphen gilt für die der Konsulargerichtsbarkeit unterworfenen Personen (§ 2) inländisches Recht, soweit nicht dieses Gesetz Ausnahmefälle regelt, wie in § 36 Abs. 2, § 40 Abs. 1 und § 49, oder das inländische Recht selbst Ausnahmen schafft, wie z. B. wenn es Parteivereinbarungen über die Geltung ausländischen Rechts zuläßt. Darüber, daß die Konsulargerichtsbarkeit auf der Fiktion beruht, der ihr Unterworfene habe das heimische Gebiet nicht verlassen, vgl. ROHG. Bd. 27 S. 398 Nr. 91. Diese Fiktion ist von der neueren Doktrin aufgegeben; s. Entsch. des vierten Zivilsenats des RG. vom 26. Febr. 1891, RGZ. Bd. 27 S. 102 und Entsch. des 1. Zivilsenats vom 9. März 1905, Juristische Wochenschrift S. 229.

Unter Nr. 1 sind die Rechtsmaterien aufgeführt, in denen reichsgesetzliche und preußische, unter Nr. 2 diejenigen, in denen im allgemeinen — Ausnahmen können gemäß § 50 geschaffen werden — nur reichsgesetzliche Vorschriften gelten.

2. Der Richter hat zu entscheiden, ob eine Vorschrift dem bürgerlichen oder dem öffentlichen Recht angehört. Diese Entscheidung wird in den Konsulargerichtsbezirken durch die Bestimmung des § 20 häufig unnötig; denn in ihnen werden gerade solche Vorschriften, bei denen die Zugehörigkeit zum öffentlichen oder zum bürgerlichen Recht streitig ist, schon wegen des Fehlens der von ihnen vorausgesetzten Einrichtungen und Verhältnisse außer Anwendung bleiben müssen.

3. Unrichtig ist es, die Frage der Zugehörigkeit einer Vorschrift zum öffentlichen oder zum bürgerlichen Recht nach dem hauptsächlichen Inhalt des sie enthaltenden Gesetzes zu entscheiden, vielmehr ist, auch nach dem Wortlaut dieses Paragraphen, die einzelne Vorschrift für sich daraufhin zu prüfen. Mit Unrecht verneint deshalb Stengel, Rechtsverhältnisse S. 122, die Geltung a l l e r Bestimmungen der Gewerbeordnung mit folgender

Begründung: „Wenn sie auch verschiedene dem Privatrechte angehörende Bestimmungen enthält, so ist sie doch in der Hauptsache ein dem öffentlichen Rechte angehöriges Gesetz; es sind aber nur die Reichsgesetze und preußischen Gesetze privatrechtlichen Inhalts eingeführt worden.“ Derselben Ansicht wie Stengel ist unter Berufung auf ihn Gareis, Kolonialrecht S. 121.

4. Preußische Gesetze gelten neben den Reichsgesetzen, d. h. wie im Inland gelten in erster Linie die Reichsgesetze (Art. 2 der Reichsverfassung).

In bürgerlichen Rechtssachen ist von dem Konsulargericht dasjenige Recht anzuwenden, welches der preußische Richter im Gebiet des Allgemeinen Landrechts zur Anwendung bringen würde. (Entsch. des 4. Zivilsenats des RG. vom 16. Dez. 1889 und vom 10. Febr. 1890, abgedruckt in der Juristischen Wochenschrift 1890 S. 119 und bei Bolze, Praxis des RG. in Zivilsachen Bd. 9 S. 5 Nr. 13 u. 14; diese Entscheidungen sprechen auch aus, daß Deutsche durch die Unterwerfung unter die Konsulargerichtsbarkeit ihr Personalstatut ändern können.)

Reichsgesetze und preußische Gesetze gelten, wie sich aus § 30 ergibt, von den dort festgesetzten Anfangsterminen an in der jeweils geltenden Fassung (vgl. Stengel, Rechtsverhältnisse S. 136, und aus der Vorbemerkung zur Begründung den in der Einleitung dieses Buches wiedergegebenen Satz, Begründung S. 13).

Die bezeichneten Vorschriften sind auch dann maßgebend, wenn eine Rechtsangelegenheit, für die ein Konsulargericht zuständig war, vor einem inländischen Gericht anhängig gemacht wird (Entsch. d. RG. vom 26. April 1897, RGZ. Bd. 39 S. 53).

5. Die Auslegungsregel mehrerer Gesetze (vgl. Art. 2 EG. z. BGB., § 12 EG. z. ZPO., § 7 EG. z. StPO.), daß der Ausdruck „Gesetz“ jede Rechtsnorm bedeutet, findet sich im KGG. nicht; es sind deshalb, während es für die anderen Gesetze selbstverständlich auch bei ihrer

Anwendung in den Konsulargerichtsbezirken bei der sonst für sie geltenden Auslegungsregel verbleibt, dort, wo das KGG. von „Gesetzen" spricht, nur die formellen, unter Zustimmung der Volksvertretung erlassenen Gesetze zu verstehen.

6. Die strafrechtlichen Vorschriften finden in den Konsulargerichtsbezirken unmittelbar Anwendung, ohne daß es nach Anleitung des § 4 Nr. 3 StGB. noch der besonderen Feststellung bedarf, daß die strafbare Handlung auch nach den Gesetzen des Ortes, an welchem sie begangen wurde, mit Strafe bedroht ist (Urteil des Feriensenats des RG. vom 25. Juli 1894, RGSt. Bd. 26 S. 97). Streitfragen, die der inländische Richter bei Urteilen über strafbare Handlungen in den Konsulargerichtsbezirken zu entscheiden hat, behandelt Gerichtsassessor J. Kistenmaker in der Greifswalder Inaugural-Dissertation „Die deutschen Konsulargerichtsbezirke und ihre Natur im Strafrecht" (Münster i. W.), wo weitere Literatur angegeben ist.

7. Besondere Vorschriften über die Kosten gibt der achte Abschnitt des Gesetzes. Für Zeugen und Sachverständige werden dort andere Gebühren als die inländischen nicht festgesetzt. Solchen Personen können deshalb nicht etwa die ortsüblichen Sätze zugebilligt werden, es findet vielmehr die Gebührenordnung für Zeugen und Sachverständige in der Fassung vom 20. Mai 1898 Anwendung (Beschluß des 4. Zivilsenats des RG. vom 4. Nov. 1902, RGZ. Bd. 52 S. 409).

§ 20.

Die im § 19 erwähnten Vorschriften finden keine Anwendung, soweit sie Einrichtungen und Verhältnisse voraussetzen, an denen es für den Konsulargerichtsbezirk fehlt.

Durch Kaiserliche Verordnung können die hiernach außer Anwendung bleibenden Vorschriften, soweit sie zu den im § 19 Nr. 1 erwähnten gehören, näher bezeichnet, auch andere Vorschriften an deren Stelle getroffen werden.

1. Nur für das Verfahren in Angelegenheiten der freiwilligen Gerichtsbarkeit war im § 43 Abs. 1 des früheren Gesetzes ein Vorbehalt gemacht worden, wonach diejenigen an sich maßgebenden inländischen Vorschriften nicht gelten sollten, welche Einrichtungen und Verhältnisse voraussetzen, die in den Konsulargerichtsbezirken fehlen. Eine ähnliche Einschränkung hatte der Entwurf des früheren Gesetzes für das Strafrecht vorgesehen: nach ihm sollten das deutsche Strafgesetzbuch und die sonstigen Strafbestimmungen der Reichsgesetze gelten, „soweit die Voraussetzungen für die Anwendbarkeit derselben gegeben sind". Dieser Zusatz wurde aber in Übereinstimmung mit den Beschlüssen der Reichstagskommission nicht in das Gesetz aufgenommen. Jetzt ist der Vorbehalt verallgemeinert und die Anwendung aller im § 19 bezeichneten Rechtsvorschriften von dem Vorhandensein der von ihnen vorausgesetzten Einrichtungen und Verhältnisse abhängig gemacht worden.

2. Das Gericht hat zu entscheiden, welche Vorschriften nach Abs. 1 außer Anwendung bleiben. Soweit sie zu den im § 19 Nr. 1 erwähnten gehören, können sie durch Kaiserliche Verordnung (s. Anm. 6 zu § 1) näher bezeichnet und andere Vorschriften an ihrer Stelle getroffen werden. Die dem Kaiser gegebene Befugnis, Ersatzbestimmungen zu treffen, hat demnach einen vom Gericht festzustellenden Tatbestand zur Voraussetzung, sodaß das Gericht Vorschriften, die in einer Verordnung als außer Anwendung bleibend bezeichnet worden sind,

anwenden und die an ihrer Stelle getroffenen anderen Vorschriften für ungiltig erklären kann.

Eine Verordnung ist bisher nicht ergangen.

3. Für das Strafrecht ist dem Konsul durch die Vorschrift des § 51 über Polizeiverordnungen die Befugnis verliehen, an Stelle von außer Anwendung bleibenden Vorschriften andere zu treffen.

§ 21.

Durch Kaiserliche Verordnung können die Rechte an Grundstücken, das Bergwerkseigentum sowie die sonstigen Berechtigungen, für welche die sich auf Grundstücke beziehenden Vorschriften gelten, abweichend von den nach § 19 maßgebenden Vorschriften geregelt werden.

1. Zu diesem Paragraphen heißt es in der Begründung: „Die Rechtsverhältnisse an dem in den Konsulargerichtsbezirken liegenden deutschen Grundbesitze sind, sofern sie nicht, wie in der Türkei, der Landesgerichtsbarkeit unterstehen, an sich nach den Grundsätzen des inländischen Rechtes zu beurteilen. Hiernach kommt, soweit für diesen Grundbesitz, wie für die deutschen Niederlassungsgebiete in China, ein Grundbuch angelegt ist, die preußische und demnächst die deutsche Grundbuchverfassung zur Anwendung, während über die Rechtsverhältnisse der übrigen Grundstücke auch nach dem Inkrafttreten des Bürgerlichen Gesetzbuchs, die zur Zeit im Gebiet des preußischen allgemeinen Landrechts für Grundstücke ohne Grundbuchblatt geltenden Vorschriften entscheiden (vgl. §§ 49, 140 der preußischen Grundbuchordnung, Art. 189 EG. z. BGB.). Diese Regelung des Grundstücksverkehrs hat sich nicht durchweg als geeignet erwiesen. Namentlich ergeben sich Schwierigkeiten hin-

sichtlich der Wirksamkeit dinglicher Rechte, wenn das Grundstück aus fremden Händen in deutsche oder umgekehrt übergeht und dadurch in eine andere Rechts- und Machtsphäre eintritt."

2. Die Bestimmung der Einführungsverordnung des KGG. über Übertragung des Eigentums an Grundstücken ist in Anm. 2 zu § 27 abgedruckt. Gleichzeitig mit der Einführungsverordnung wurde die Kaiserliche Verordnung, betreffend die Rechte an Grundstücken und die Anlegung von Grundbüchern in den deutschen Niederlassungen in Tientsin und Hankau vom 25. Okt. 1900 (RGBl. S. 1000) erlassen.

§ 22.

Durch Kaiserliche Verordnung kann bestimmt werden, inwieweit die Vorschriften der Gesetze über den Schutz von Werken der Literatur und Kunst, von Photographien, von Erfindungen, von Mustern und Modellen, von Gebrauchsmustern und von Warenbezeichnungen in den Konsulargerichtsbezirken Anwendung finden oder außer Anwendung bleiben.

1. Gesetze über die in diesem Paragraphen bezeichneten Rechtsmaterien sind: das G., betr. das Urheberrecht an Werken der bildenden Künste vom 9. Jan. 1876 (RGBl. S. 4), das G., betr. den Schutz der Photographien gegen unbefugte Nachbildung vom 10. Jan. 1876 (RGBl. S. 8), das G., betr. das Urheberrecht an Mustern und Modellen vom 11. Jan. 1876 (RGBl. S. 11), das Patentgesetz vom 7. April 1891 (RGBl. S. 79), das G., betr. den Schutz von Gebrauchsmustern vom 1. Juli 1891 (RGBl. S. 290), das G. zum Schutze der Waarenbezeichnungen vom 12. Mai 1894 (RGBl. S. 441) und

das G., betr. das Urheberrecht an Werken der Literatur und der Tonkunst vom 19. Juni 1901 (RGBl. S. 227) (die sogenannten „Urhebergesetze“).

2. In der Reichstagssitzung vom 16. Jan. 1900 führte der Abgeordnete Dr. Müller (Meiningen) aus, es sei, da nach den Anschauungen der überwiegenden Theorie und Praxis die deutsche Patent-, Muster-, Modell- und Markenschutzgesetzgebung keine Anwendung in den Konsulargerichtsbezirken finde, dort der Deutsche auch nicht gegen Rechtsverletzungen durch einen Deutschen geschützt, und verlangte eine ins einzelne gehende, gesetzliche Regelung dieser Materie, die der Entwurf in Verwirrung und Unklarheit belasse (StenB. Bd. 4, S. 3551). Auch in der Reichstagskommission wurde zur Beseitigung der Zweifel über die Anwendbarkeit der in Frage kommenden Gesetze die Erlassung eines diese Angelegenheit ordnenden Reichsgesetzes gefordert und die Streichung der vorgeschlagenen Bestimmung beantragt. Demgegenüber bemerkte man, die Erlassung eines solchen Gesetzes bedinge die Aufstellung von so vielen und ausführlichen Vorschriften, daß das Gesetz durch seinen Umfang schon wieder Schwierigkeiten hervorrufe und vor allem nicht geeignet wäre, alle Zweifel auszuschließen; vielmehr werde letzteres, soweit es möglich erscheine, auf dem von der Regierungsvorlage vorgeschlagenen Weg besser erreicht. Es wurde dann die Fassung des Entwurfs angenommen (Bericht S. 8).

3. Nach der Begründung (S. 20 ff.) soll die bisher gesetzlich nicht entschiedene Frage der Anwendbarkeit der Urhebergesetze auch jetzt nicht entschieden werden, sodaß es für ihre Beantwortung nach der aus § 19 abzuleitenden allgemeinen Regel namentlich darauf ankommt, ob die anzuwendenden Vorschriften dem bürgerlichen oder dem öffentlichen Rechte angehören; da indes die rechtliche Natur dieser Vorschriften und damit ihre An-

wendbarkeit zum Teil zweifelhaft ist, soll die Beseitigung dieser Zweifel auf dem Wege der Kaiserlichen Verordnung ermöglicht werden; es soll auch dem Kaiser durch die Fassung des § 22 allgemein die Befugnis verliehen werden, Vorschriften über die Anwendbarkeit der Urhebergesetze zu erlassen, da es mit Rücksicht auf den Wettbewerb der Nationen in den Konsulargerichtsbezirken erwünscht erscheint, auf Grund eines solchen Verordnungsrechts den Schutz der Urheberrechte gewähren oder versagen zu können, sowie Abreden mit anderen Nationen über einen entsprechenden Schutz der beiderseitigen Angehörigen zu treffen.

4. Eine Verordnung ist bisher nicht erlassen. Der Wortlaut des § 22 läßt Zweifel darüber aufkommen, ob vor Erlaß einer Verordnung überhaupt Vorschriften der in Frage kommenden Gesetze Anwendung finden können. Der Zusammenhang der Bestimmung des § 22 mit den übrigen Vorschriften des Gesetzes und die Gesetzesmaterialien (vgl. oben Anm. 2 und 3) ergeben aber, daß man an dem Zustande, wie er durch §§ 3 f., 47 des früheren Gesetzes geschaffen war, zunächst nichts ändern wollte, und daß für die Geltung der Vorschriften der fraglichen Gesetze bis zum Erlaß einer Verordnung § 19 KGG. maßgebend sein soll, demnach § 22 nicht als eine ein anderes vorschreibende Bestimmung im Sinne des § 19 anzusehen ist.

Über die Geltung des jetzt aufgehobenen Markenschutzgesetzes vom 30. Nov. 1874 in den Konsulargerichtsbezirken s. die Entsch. des 1. Zivilsenats des RG. vom 9. März 1895 (Juristische Wochenschrift, 1895, S. 229).

Die Anwendbarkeit von Bestimmungen der Urhebergesetze in den Konsulargerichtsbezirken behandelt Dr. M. Wassermann, der internationale gewerbliche Rechtsschutz in den Konsulargerichtsbezirken, abgedruckt in „Anschluß des Deutschen Reiches an die internationale Union für gewerblichen Rechtsschutz", Berlin, C. Heymann 1902, wo die frühere Literatur angegeben ist.

5. Vgl. Anm. 2 zu § 26.

§ 23.

Soweit die im § 19 bezeichneten Gesetze landesherrliche Verordnungen oder landesherrliche Genehmigung vorsehen, treten an deren Stelle in den Konsulargerichtsbezirken Kaiserliche Verordnungen oder die Genehmigung des Kaisers.

Die nach diesen Gesetzen im Verwaltungsstreitverfahren zu treffenden Entscheidungen werden für die Konsulargerichtsbezirke in erster und letzter Instanz von dem Bundesrat erlassen.

Soweit in diesen Gesetzen auf Anordnungen oder Verfügungen einer Landes-Zentralbehörde oder einer höheren Verwaltungsbehörde verwiesen wird, treten an deren Stelle in den Konsulargerichtsbezirken Anordnungen oder Verfügungen des Reichskanzlers oder der von diesem bezeichneten Behörde.

Die nach diesen Gesetzen den Polizeibehörden zustehenden Befugnisse werden in den Konsulargerichtsbezirken von dem Konsul ausgeübt.

Bis zum Erlasse der im Abs. 1 vorgesehenen Kaiserlichen Verordnungen sowie der im Abs. 3 vorgesehenen Anordnungen oder Verfügungen des Reichskanzlers finden die innerhalb Preußens im bisherigen Geltungsbereiche des preußischen Allgemeinen Landrechts geltenden landesherrlichen Verordnungen sowie die dort geltenden Anordnungen oder Verfügungen der Landes-Zentralbehörden entsprechende Anwendung.

Dienstanweisung zum § 23.

1. Allgemeine Beeidigung gerichtlicher Sachverständigen.

Falls in einem Konsulargerichtsbezirk ein Bedürfnis für die allgemeine Beeidigung gerichtlicher Sachverständigen besteht, ist dem Reichskanzler Bericht zu erstatten, der gemäß § 23 Abs. 3 des Gesetzes in Verbindung mit Artikel 130 X des preußischen Gesetzes über die freiwillige Gerichtsbarkeit vom 21. Sept. 1899 (GS. S. 249) dem Konsul eine entsprechende Ermächtigung erteilen kann.

2. Vergleichsbehörde beim Sühneversuch.

Vergleichsbehörde im Sinne des § 420 der Strafprozeßordnung ist der Vorsteher des Konsulats, in dessen Bezirke der Beschuldigte wohnt, ohne Unterschied, ob der Beamte zur Ausübung der Gerichtsbarkeit befugt ist oder nicht.

Erscheint der Beschuldigte in dem zur Sühneverhandlung bestimmten Termine nicht, so wird angenommen, daß er sich auf die Sühneverhandlung nicht einlassen will.

Eine Bescheinigung über die Erfolglosigkeit der Sühneverhandlung kann nur erteilt werden, wenn der Antragsteller im Termin erschienen ist.

Kommt im Termin ein Vergleich zu Stande, so ist dieser zu Protokoll festzustellen.

3. Anordnungen und Verfügungen der preußischen Landes-Zentralbehörden.

Diese Anordnungen und Verfügungen, die nach § 23 Abs. 5 in den Konsulargerichtsbezirken bis auf weiteres entsprechende Anwendung finden, sind der Hauptsache nach im preußischen Justiz-Ministerialblatt enthalten, das den in Betracht kommenden Konsulaten künftig zugehen wird.

1. Die in den Konsulargerichtsbezirken geltenden Gesetze enthalten mehrere Vorschriften, die zu ihrer Durchführung im Inlande des Erlasses von Verordnungen oder Verfügungen des Landesherrn oder einer Landesbehörde bedürfen oder die Möglichkeit eines Verwaltungsstreitverfahrens oder das Eingreifen einer Polizeibehörde voraussetzen. Die sich hieraus für die Konsulargerichtsbezirke ergebenden Lücken im Rechtssystem sollen durch § 23 ausgefüllt werden. Die Begründung S. 21 führt an als Fälle des Abs. 1: Art. 186 Abs. 1 und Art. 188 Abs. 1 u. 2 EG. z. BGB., Art. 7 Abs. 1 preuß. AG. z. HGB., Art. 6 § 1 preuß. AG. z. BGB.; als Fälle des Abs. 2: § 81 Abs. 2 des G. betr. die Erwerbs- und Wirtschaftsgenossenschaften (RGBl. 1898, S. 810), § 62 Abs. 2 des G. betr. die Gesellschaften mit beschränkter Haftung (RGBl. 1898, S. 846) und preuß. AG. z. HGB. Art. 4 Abs. 2; als Fälle des Abs. 3: §§ 6, 14 EG. zu dem Gesetz über die Zwangsversteigerung und die Zwangsverwaltung, § 1 Abs. 2, §§ 93—97 der Grundbuchordnung, Art. 2 § 6 und Art. 83 Abs. 2 preuß. AG. z. BGB., und Art. 1 Abs. 1 preuß AG. z. HGB.; als Fälle des Abs. 4: §§ 965—967, 973—976 BGB. und Art. 6 preuß. AG. z. HGB.

2. Absatz 4. Nur ein Konsul (s. § 5 Anm. 2 und § 6 Anm. 5) darf die im Inlande den Polizeibehörden zustehenden Befugnisse ausüben und auf Grund § 51 Polizeiverordnungen erlassen, nicht aber andere vom

Reichskanzler gemäß § 6 Abs. 2 ermächtigte Beamte. Denn nach letzterer Bestimmung können diesen nur die dem Konsul bei Ausübung der Gerichtsbarkeit obliegenden Verrichtungen übertragen werden, dem Reichskanzler ist demnach nicht gestattet, die dem Konsul zustehenden Befugnisse von Verwaltungsbehörden, wie sie im § 23 Abs. 4 bezeichnet sind, und zur gesetzgeberischen Tätigkeit solchen Beamten zu übertragen.

3. Der Konsul ist nicht berechtigt zum Erlaß von Strafverfügungen, da nach § 453 StPO. eine Befugnis hierzu den Polizeibehörden durch die Bestimmungen der Landesgesetze gegeben sein muß, preuß. Landesgesetze über das Verfahren in Strafsachen aber nicht gelten (vgl. KGG. § 19, Nr. 2; § 50 kommt hier nicht in Betracht, s. Anm. 2 zu § 7; dort auch über das Recht des Konsuls, Strafbefehle zu erlassen).

4. Abs. 5 enthält eine Übergangsvorschrift zur Vermeidung des Entstehens von Lücken im Rechtssysteme bei Inkrafttreten des Gesetzes.

§ 24.

Soweit nach den im § 19 bezeichneten Gesetzen dem Landesfiskus Rechte zustehen oder Verpflichtungen obliegen, tritt in den Konsulargerichtsbezirken an dessen Stelle der Reichsfiskus. Diese Vorschrift findet keine Anwendung auf die Rechte und Verpflichtungen, die für den Landesfiskus mit Rücksicht auf die Staatsangehörigkeit eines Beteiligten begründet sind.

Geldstrafen fließen zur Reichskasse. Durch Kaiserliche Verordnung kann bestimmt werden, daß die wegen Zuwiderhandlung gegen einzelne Gesetze

oder Verordnungen verhängten Geldstrafen einem anderen Berechtigten zufallen.

1. Rechte und Verpflichtungen, die in den im § 19 bezeichneten Gesetzen für den Landesfiskus mit Rücksicht auf die Staatsangehörigkeit eines Beteiligten begründet sind, wie im § 1936 Abs. 1 BGB., bleiben auch in den Konsulargerichtsbezirken für ihn bestehen; sonst aber — z. B. in den Fällen des § 45 Abs. 3, § 46, § 928 Abs. 2 BGB., Art. 190 EG. z. BGB. und § 12 Grundbuchordnung — tritt an die Stelle des Landesfiskus der Reichsfiskus.

2. Bei Geldstrafen ist in der Regel der Reichsfiskus bezugsberechtigt. Da die Konsulargerichtsbarkeit auf einer Justizhoheit des Reiches beruht und durch seine Organe ausgeübt wird, müssen auch ihre Erträge dem Reiche zufallen (Begr. z. fr. Ges. StenB. Bd. IV S. 586). Die Bestimmung trifft die durch strafgerichtliches Urteil festgesetzten Geldstrafen und die Ordnungsstrafen, also auch die auf Grund des § 12 Abs. 2 KGG. verhängten Geldstrafen. Eine Einziehung auf Grund § 40 StGB. erfolgt gleichfalls zu Gunsten des Reichsfiskus.

3. Ausnahmen von der Regel, daß Geldstrafen zur Reichskasse fließen, können durch Kaiserliche Verordnung bestimmt werden. Selbstverständlich können auch Reichsgesetze Ausnahmen festsetzen (vgl. § 132 der Seemannsordnung vom 2. Juli 1902, RGBl. S. 175). Ferner können die völkerrechtlichen Grundlagen der Konsulargerichtsbarkeit die Regel aufheben (vgl. Anm. 2 zu § 1), wie es Art. 13 des Freundschafts-, Handels- und Schiffahrtsvertrages zwischen dem Deutschen Reiche und dem Sultan von Zanzibar vom 20. Dez. 1885 (RGBl. 1886 S. 261) für Geldstrafen wegen Zollvergehen tut; der Art. 7 des Freundschafts-, Schiffahrts- und Handelsvertrages zwischen dem Norddeutschen Bunde usw. und Japan vom 20. Febr. 1869 (RGBl. 1870 S. 1), der bestimmte, daß alle Geldstrafen, die von den deutschen Konsulargerichten verhängt würden, Japan zufallen sollten, kommt infolge der Aufhebung der Konsulargerichtsbarkeit in Japan nicht mehr in Betracht.

4. Mit den Worten „einem anderen berechtigten“ des letzten Satzes dieses Paragraphen soll derjenige bezeichnet werden, der durch die betreffende Verordnung berechtigt wird (Bericht S. 9).

5. Eine Verordnung ist bisher nicht ergangen. Für die durch Verordnung aufzustellenden Ausnahmen kommen namentlich die in den deutschen Niederlassungen in China einzurichtenden Niederlassungsgemeinden in Betracht, denen, ebenso wie dies in den britischen Fremdenniederlassungen der Fall ist, die auf Grund der dortigen Polizeiverordnungen verhängten Geldstrafen als Beitrag zu den Verwaltungskosten zu überweisen sein dürften (Begründung S. 23).

§ 25.

Die Rechtsverhältnisse der Schutzgenossen, die keinem Staate angehören, werden, soweit dafür die Staatsangehörigkeit in Betracht kommt, nach den Vorschriften beurteilt, die für die keinem Bundesstaate angehörenden Deutschen gelten.

Die Rechtsverhältnisse der Schutzgenossen, die einem fremden Staate angehören, werden, soweit dafür die Staatsangehörigkeit in Betracht kommt, nach den für Ausländer geltenden Vorschriften beurteilt.

1. Diejenigen Rechtsverhältnisse der im allgemeinen denselben Rechtsvorschriften wie die Deutschen unter-

liegenden Schutzgenossen, für die wie in den Fällen der Artikel 7 ff. EG. z. BGB. die Staatsangehörigkeit in Betracht kommt, sind in diesem Paragraphen besonders geregelt. Er unterscheidet in dieser Beziehung, ob die Schutzgenossen keinem Staate angehören oder Angehörige eines fremden Staates sind. Im ersteren Falle (Abs. 1) sollen ihre Rechtsverhältnisse abweichend von dem Grundsatze des Art. 29 EG. z. BGB. nach den Vorschriften beurteilt werden, die für die keinem Bundesstaate angehörenden Deutschen gelten, da diese Schutzgenossen zu einem anderen Staate keine rechtlichen Beziehungen unterhalten, wohl aber zum Deutschen Reiche in ein besonderes Rechtsverhältnis getreten sind. Es werden somit auf sie namentlich auch die Vorschriften des § 1322 Abs. 1 Satz 2, des § 1723 Abs. 2, des § 1745 Abs. 2 und des § 1936 Abs. 2 BGB. und ebenso der §§ 9, 87 ff. StGB., sowie des § 110 Abs. 1, des § 606 Abs. 2 u. 3 und des § 642 ZPO. Anwendung finden. Im Falle des Abs. 2 sollen dagegen für diese Rechtsverhältnisse die für fremde Staatsangehörige im Reichsgebiet geltenden Vorschriften, also im allgemeinen die des heimatlichen Rechts der Schutzgenossen maßgebend sein, da sonst leicht Kollisionen zwischen dem deutschen und dem fremden Recht entstehen könnten (Begründung S. 23).

2. Vgl. § 36 Abs. 1.

§ 26.

Durch Kaiserliche Verordnung kann bestimmt werden, inwieweit die Konsulargerichtsbezirke im Sinne der in den §§ 19, 22 bezeichneten Gesetze als deutsches Gebiet oder Inland oder als Ausland anzusehen sind.

1. Mehrere Vorschriften der in den Konsulargerichtsbezirken geltenden Gesetze beruhen auf dem Gegensatze zwischen Inland und Ausland. Während für den einheimischen Richter Inland das Deutsche Reich, Ausland jedes nicht zum Reiche gehörige Gebiet ist, muß es für die Richter in Konsulargerichtsbezirken häufig zweifelhaft sein, inwieweit diese Bezirke als deutsches Gebiet oder Inland oder als Ausland anzusehen sind. Für Zustellungen und Zwangsvollstreckungen enthalten die §§ 28 und 46 KGG. Vorschriften. Von einer weiteren gesetzlichen Regelung dieser Frage sah man aber ab wegen der Verschiedenartigkeit der in Betracht kommenden Verhältnisse und gewährte nur in § 26 die Möglichkeit der Beseitigung von Zweifeln durch Kaiserliche Verordnungen. Bis zum Erlasse einer Verordnung wird bei prozeßrechtlichen Fragen danach zu entscheiden sein, ob der bezüglichen Gesetzesbestimmung lediglich die Rücksicht auf die aus der räumlichen Entfernung sich ergebenden Verkehrsschwierigkeiten zu Grunde liegt — dann wird in der Regel jedes dem betreffenden Konsulargerichtsbezirke nicht angehörige Gebiet als Ausland anzusehen sein — oder ob die Bestimmung auf anderen Erwägungen, insbesondere auf der Annahme beruht, daß die fremde Rechtspflege nicht gleiche Garantien biete wie die einheimische — dann wird regelmäßig nur ein Gebiet, das weder dem Deutschen Reiche noch einem deutschen Konsulargerichtsbezirke noch einem deutschen Schutzgebiete angehört, als Ausland angesehen werden dürfen (Begr. z. fr. Ges. StenB. Bd. 4 S. 581 und Begründung S. 23, wo auf gesetzliche Vorschriften, die auf dem Gegensatz zwischen Inland und Ausland beruhen, verwiesen wird).

2. Der Entwurf des § 26 erwähnte den § 22 nicht. Diese Einschaltung ist auf Antrag der Reichstagskommission gemacht worden (Bericht S. 9).

3. Vgl. Anm. 6 zu § 19.

§ 27.

Soweit die nach § 19 zur Anwendung kommenden Gesetze auf die an einem ausländischen Orte geltenden Vorschriften Bezug nehmen, sind hierunter, falls es sich um einen Ort innerhalb eines Konsulargerichtsbezirkes und um die Rechtsverhältnisse einer der Konsulargerichtsbarkeit unterworfenen Person handelt, die deutschen Gesetze zu verstehen.

Durch Kaiserliche Verordnung kann bestimmt werden, inwieweit in einem Konsulargerichtsbezirke die von der dortigen Staatsgewalt erlassenen Vorschriften neben den deutschen Gesetzen als Gesetze des Ortes anzusehen sind.

1. Nach § 19 sind in den Konsulargerichtsbezirken im allgemeinen die von der dortigen Staatsgewalt erlassenen Vorschriften für die Personen des § 2 nicht verbindlich. Da indes die für diese Personen maßgebenden Gesetze verschiedentlich, z. B. im Art. 11 EG. z. BGB. hinsichtlich der Form der Rechtsgeschäfte, auf die an einem ausländischen Orte geltenden Vorschriften Bezug nehmen, ist hier zur Beseitigung von Zweifeln ausdrücklich vorgeschrieben, daß in jenen Bezirken die deutschen Gesetze als die Gesetze des Ortes anzusehen sind. Doch soll es Kaiserlichen Verordnungen überlassen bleiben, in solchen Fällen die von der fremden Staatsgewalt erlassenen Vorschriften neben den deutschen Gesetzen für anwendbar zu erklären, damit in Konsulargerichtsbezirken mit weiter vorgeschrittener Zivilisation den Deutschen insbesondere die Möglichkeit gegeben werden kann, Rechtsgeschäfte auch in der landesüblichen Form gültig vorzunehmen (Begründung S. 24).

2. Auf Grund dieses Paragraphen bestimmt Art. 2 der Verordnung zur Einführung des Gesetzes über die Konsulargerichtsbarkeit vom 25. Oktober 1900 (RGBl. S. 999) wie folgt:

„Für die Übertragung des Eigentums an Grundstücken in den Konsulargerichtsbezirken genügt, soweit nicht für diese Grundstücke ein Grundbuch im Sinne der Reichsgesetze angelegt ist, die Beobachtung der Form, die den von der dortigen Staatsgewalt erlassenen Vorschriften entspricht.

Innerhalb Rumäniens, Serbiens und Bulgariens gilt das Gleiche auch für die Form eines anderen Rechtsgeschäfts, das dort vorgenommen, sowie für die Form einer Ehe, die dort geschlossen wird."

Vgl. § 21, § 36 Abs. 2.

§ 28.

Zustellungen an die der Konsulargerichtsbarkeit unterworfenen Personen erfolgen im Konsulargerichtsbezirke, sofern sie entweder in einer in diesem Bezirke vor den Konsul oder das Konsulargericht gehörenden Sache oder in nicht gerichtlichen Rechtsangelegenheiten auf Betreiben einer in dem Bezirke befindlichen Person zu geschehen haben, nach den Vorschriften über Zustellungen im Inlande. Falls die Befolgung dieser Vorschriften mit Schwierigkeiten verbunden ist, kann die Zustellung durch den Konsul nach den Vorschriften über Zustellungen im Auslande mit der Maßgabe bewirkt werden, daß an die Stelle des Ersuchens bei Zustellungen auf Betreiben der Beteiligten deren Antrag und bei Zustellungen von Amts wegen die Anzeige des Gerichtsschreibers tritt.

Im übrigen erfolgen Zustellungen im Konsulargerichtsbezirk an die der Konsulargerichtsbarkeit unterworfenen Personen nach den Vorschriften über Zustellungen im Ausland, und zwar in gerichtlichen Angelegenheiten mittelst Ersuchens des Konsuls und in nicht gerichtlichen Rechtsangelegenheiten auf einen von den Beteiligten an ihn zu richtenden Antrag.

1. Eine Regelung der Zustellungen an die der Konsulargerichtsbarkeit nicht unterworfenen Personen enthält das Gesetz nicht; sie sind vorzunehmen nach den für Zustellungen im Ausland maßgebenden Vorschriften der §§ 199 ff. ZPO., die, wie überhaupt die Vorschriften der ZPO. über Zustellungen allgemein, nicht nur in Zivilprozessen, gelten gemäß § 37 StPO., § 16 Abs. 2 des Gesetzes über die Angelegenheiten der freiwilligen Gerichtsbarkeit und § 132 BGB.

Eine vor Inkrafttreten des KGG. ergangene Entscheidung des Oberlandesgerichts Hamburg läßt die Frage, ob an solche Personen in einer nicht vor das Konsulargericht gehörigen Sache eine Zustellung auch nach den Vorschriften über Zustellungen im Inlande erfolgen kann, oder ob die Bestimmungen der ZPO. §§ 199, 202 für ausschließende zu erachten sind, unentschieden. (Zeitschrift für deutschen Zivilprozeß usw. Bd. 32, S. 339.)

§ 28 trifft nur Bestimmungen über Zustellungen in Konsulargerichtsbezirken an die der Konsulargerichtsbarkeit unterworfenen Personen und zwar geht er von dem Grundsatz aus, daß hierbei der einzelne Konsulargerichtsbezirk in sich als Inland, dagegen im Verhältnisse zu jedem anderen Gebiet als Ausland anzusehen ist (Begründung S. 24, vgl. § 46 Anm. 1). Ausnahmsweise gestattet der zweite Satz des § 28 auch in Fällen, wo nach der Regel die Vorschriften über Zustellungen im Inlande maßgebend sind, die Vorschriften über Zustellungen im Auslande anzuwenden.

Abs. 2 ändert durch die Bestimmung, daß Zustellungen in den Konsulargerichtsbezirken nach den Vorschriften über Zustellungen im Auslande stets durch den Konsul zu erfolgen haben, § 199 ZPO. ab, der auch gestattet, eine ausländische Behörde oder den diplomatischen Vertreter des Reiches hierzu in Anspruch zu nehmen, und bestimmt ferner, welche Schritte die Beteiligten zu ergreifen haben, um den Konsul zur Vornahme von Zustellungen gemäß § 19 des Konsulatsgesetzes zu veranlassen.

2. Über Gerichtsvollzieher, Zustellungsbeamte vgl. § 16. Über Zustellungen durch den Gerichtsschreiber und einfachere Formen für den Nachweis der Zustellung vgl. Dienstanweisung zu § 53 und Anm. 2 dortselbst. Über die Kosten der Zustellungen vgl. § 73 insbesondere Abs. 2.

§ 29.

Die Einrückung einer öffentlichen Bekanntmachung in den Deutschen Reichsanzeiger ist nicht erforderlich, sofern daneben eine andere Art der Veröffentlichung vorgeschrieben ist. Der Reichskanzler kann Ausnahmen von dieser Vorschrift anordnen.

Der Reichskanzler kann bestimmen, daß an die Stelle der Einrückung einer öffentlichen Bekanntmachung in den Deutschen Reichsanzeiger eine andere Art der Veröffentlichung tritt.

Dienstanweisung zum § 29.

Soweit die im § 19 des Gesetzes erwähnten Vorschriften in Konkurssachen oder bei Eintragungen in das Handels- oder Genossenschaftsregister die Einrückung einer öffentlichen Bekanntmachung in den Deutschen Reichsanzeiger vorsehen, kann der Konsul bestimmen, daß diese Einrückung auch dann zu erfolgen hat, wenn daneben eine andere Art der Veröffentlichung vorgeschrieben ist. Von dieser Befugnis wird indes nicht allgemein, sondern nur unter besonderen Umständen Gebrauch zu machen sein, also namentlich dann, wenn die Interessenten sich zum Teil in Deutschland befinden.

Ferner ist der Konsul befugt, in Fällen, in denen die Einrückung in den Reichsanzeiger die einzige Art der Veröffentlichung bildet, zu bestimmen, daß an die Stelle dieser Einrückung eine andere Art der Veröffentlichung tritt.

1. Das frühere Gesetz erklärte im § 45 die Einrückung einer öffentlichen Bekanntmachung in den Reichsanzeiger in jedem Falle für nicht erforderlich. Man meinte damals, die Einhaltung der Vorschrift der inländischen Gesetze hierüber würde in den meisten der vor den Konsul und das Konsulargericht gehörigen Sachen ohne praktischen Erfolg sein und zu einer ungerechtfertigten Verzögerung führen. Jetzt ist die Einrückung einer Bekanntmachung in den Reichsanzeiger grundsätzlich nur in den Fällen nicht erforderlich, wo neben ihr noch eine andere Art der Veröffentlichung vorgeschrieben ist, wie im § 10 Abs. 1 HGB., § 204 Abs. 2, § 948, § 1009 Abs. 1 ZPO., § 111 Abs. 2 KO. Man befürchtete für die Sicherheit des Verkehrs, wenn man in den anderen Fällen, z. B. in denen des § 1017 Abs. 2 und 3 ZPO., § 326 Abs. 1, § 333, § 411 Abs. 4 StPO. das völlige Unterbleiben einer Bekanntmachung

zulassen würde. (Begr. z. fr. Ges. StenB. Bd. IV S. 586 und Begründung S. 25.)

2. Der Reichskanzler kann einerseits die Einrückung in den Reichsanzeiger auch in den Fällen, in denen die im § 19 bezeichneten Gesetze neben ihr eine andere Art der Veröffentlichung vorschreiben, und andrerseits eine andere Art der Veröffentlichung an Stelle der Einrückung in den Reichsanzeiger in allen Fällen vorschreiben. Er machte von seiner Befugnis in der Dienstanweisung Gebrauch.

Falls der Konsul die Einrückung in den Reichsanzeiger veranlaßt, wenn sie nach diesem Paragraphen oder einer auf Grund desselben ergangenen Bestimmung des Reichskanzlers nicht erforderlich ist, so kann es fraglich sein, ob Kostenersatz von den im übrigen zur Tragung der Kosten Verpflichteten verlangt werden kann.

§ 30.

Neue Gesetze erlangen in den Konsulargerichtsbezirken, die in Europa, in Egypten oder an der asiatischen Küste des Schwarzen oder Mittelländischen Meeres liegen, mit dem Ablaufe von zwei Monaten, in den übrigen Konsulargerichtsbezirken mit dem Ablaufe von vier Monaten nach dem Tage, an dem das betreffende Stück des Reichs-Gesetzblatts oder der Preußischen Gesetz-Sammlung in Berlin ausgegeben worden ist, verbindliche Kraft, soweit nicht für das Inkrafttreten ein späterer Zeitpunkt festgesetzt ist oder für die Konsulargerichtsbezirke reichsgesetzlich ein anderes vorgeschrieben wird.

1. Dieser Paragraph bestimmt den Zeitpunkt für den Geltungsbeginn neuer Gesetze, und zwar gilt seine

Bestimmung, da das KGG. unter dem Ausdruck „Gesetz" nicht jede Rechtsnorm versteht (s. Anm. 5 zu § 19), nur für die formellen, unter Zustimmung der Volksvertretung erlassenen Gesetze, sodaß kaiserliche Verordnungen und Anordnungen des Reichskanzlers schon vor Ablauf der hier festgesetzten Fristen in den Konsulargerichtsbezirken verbindliche Kraft erlangen können.

2. Der regelmäßige Zeitpunkt für den Geltungsbeginn ist zwei oder vier Monate nach dem Tage, an dem das betreffende Stück des Reichs-Gesetzblattes oder der preußischen Gesetz-Sammlung in Berlin ausgegeben worden ist.

Die Berechnung dieser Fristen geschieht in der Weise, daß zwei oder vier Monate von dem Tage an zu rechnen sind, der auf den Tag der Ausgabe des Gesetzblattes folgt. Der letzte Tag der Frist ist derjenige im zweiten oder vierten Monat, der durch seine Zahl dem Tage entspricht, an welchem die Frist begonnen hat; fehlt dieser Tag im letzten Monat, so endigt die Frist mit Ablauf des letzten Tages dieses Monats. Demnach beginnt z. B. die verbindliche Kraft eines Reichsgesetzes, wenn das dasselbe enthaltende Reichs-Gesetzblatt in Berlin am 1. Januar ausgegeben wurde, in den Konsulargerichtsbezirken mangels besonderer Anordnung mit dem 3. März oder 3. Mai desselben Jahres (vgl. Goes, Kommentar Anm. 4 zu § 47).

3. Ausnahmsweise beginnt die Geltung neuer Gesetze zu einem anderen Zeitpunkt: nämlich erstens später und zwar mit demselben Zeitpunkte wie im Inlande, wenn das preußische oder Reichsgesetz im Inlande später als nach Ablauf der zwei oder vier Monate in Kraft tritt, zweitens früher oder später als nach dem Ablauf dieser Fristen, wenn für ein preußisches oder Reichsgesetz ein früherer oder späterer Zeitpunkt für das Inkrafttreten in den Konsulargerichtsbezirken durch ein Reichsgesetz festgesetzt wird (vgl. Beratungen der Reichstagskommission, Bericht S. 2).

Vierter Abschnitt.

Besondere Vorschriften über das bürgerliche Recht.

§ 31.

Auf Vereine, die ihren Sitz in einem Konsulargerichtsbezirke haben, finden die Vorschriften der §§ 21, 22, des § 44 Abs. 1 und der §§ 55 bis 79 des Bürgerlichen Gesetzbuchs keine Anwendung.

1. Die nach diesem Paragraphen keine Anwendung findenden Vorschriften betreffen die Erlangung der Rechtsfähigkeit eines nicht wirtschaftlichen Vereins durch Eintragung in das Vereinsregister (BGB. § 21) und eines wirtschaftlichen Vereins durch bundesstaatliche Verleihung (BGB. § 22), das Verfahren der Entziehung der Rechtsfähigkeit für Vereine der §§ 21 und 22 BGB. und die eingetragenen Vereine (BGB. §§ 55—79).

Grund für die Einführung dieser Bestimmung war, daß man die Möglichkeit haben will, den sich in den Konsulargerichtsbezirken bildenden Vereinen aus politischen Gründen die Rechtsfähigkeit zu versagen oder wieder zu entziehen, und daß abgesehen vom Bundesrat (§ 23 Abs. 2 BGB.) kein Verwaltungsorgan in Frage kommt, dem für diese Bezirke die nach § 44 Abs. 1 und § 62 Abs. 2 BGB. zu treffenden verwaltungsgerichtlichen Entscheidungen übertragen werden könnten (Begründung S. 25 f.).

2. „Als Sitz eines Vereins gilt, wenn nicht ein anderes bestimmt ist, der Ort, an welchem die Verwaltung geführt wird“ (BGB. § 24).

3. Caleb, Konsulargerichtsbarkeit in Bulgarien, Inaug.Diss. Straßburg, 1903 S. 88 folgert aus der

Bestimmung dieses Paragraphen, daß Vereine in den Konsulargerichtsbezirken, deren Zweck nicht auf einen wirtschaftlichen Geschäftsbetrieb gerichtet ist, ohne Eintragung in ein Vereinsregister und solche, deren Zweck auf einen wirtschaftlichen Geschäftsbetrieb gerichtet ist, ohne bundesstaatliche Verleihung Rechtsfähigkeit erlangen. Dies ist falsch: denn nach dem BGB. kann ein Verein nur durch die Tätigkeit einer öffentlichen Behörde Rechtsfähigkeit erlangen.

Es können deshalb, falls nicht besondere reichsgesetzliche Vorschriften Anwendung finden, Vereine in den Konsulargerichtsbezirken nur durch Beschluß des Bundesrats gemäß § 23 BGB. Rechtsfähigkeit erlangen. Auf die Vereine, denen sie nicht in dieser Weise verliehen ist, finden nach BGB. § 54 im allgemeinen die Vorschriften über die Gesellschaft Anwendung.

§ 32.

Die in den §§ 8 bis 10 des Gesetzes, betreffend die Rechtsverhältnisse der deutschen Schutzgebiete (Reichs-Gesetzbl. 1888 S. 75, Reichs-Gesetzbl. 1899 S. 365), für die Errichtung deutscher Kolonialgesellschaften erlassenen Vorschriften finden entsprechende Anwendung auf deutsche Gesellschaften, die den Betrieb eines Unternehmens der im § 8 Abs. 1 des Gesetzes bezeichneten Art in einem Konsulargerichtsbezirke zum Gegenstand und ihren Sitz entweder im Reichsgebiet oder in einem deutschen Schutzgebiet oder in einem Konsulargerichtsbezirke haben.

Die Einführung dieser Bestimmung, gegen die sowohl in der Reichstagsverhandlung vom 16. Jan. 1900 (StenB. Bd. IV S. 3550) als in den Beratungen der

Reichstagskommission (Bericht S. 10) Widerspruch erhoben wurde, ist begründet worden durch den Hinweis darauf, daß die reichsgesetzlichen Vorschriften über die Handelsgesellschaften in den Konsulargerichtsbezirken vielfach Schwierigkeiten zur Folge gehabt haben, und daß aus politischen Gründen im Interesse der Unterstützung des Deutschtums im Auslande sich die Möglichkeit der Bildung deutscher Kolonialgesellschaften in diesen Bezirken empfehle.

Die §§ 11—13 des Schutzgebietsgesetzes vom 25. Juli 1900 (RGBl. S. 812) sind an die Stelle der §§ 8—10 des G., betreffend die Rechtsverhältnisse der deutschen Schutzgebiete, getreten.

Nach ihnen muß Gegenstand des Unternehmens deutscher Kolonialgesellschaften sein: die Kolonisation deutscher Schutzgebiete, insbesondere der Erwerb und die Verwertung von Grundbesitz, der Betrieb von Land- oder Plantagenwirtschaft, der Betrieb von Bergbau, gewerblichen Unternehmungen und Handelsgesellschaften in den Schutzgebieten oder der Betrieb eines Unternehmens der bezeichneten Art in dem Hinterland eines deutschen Schutzgebiets oder in sonstigen dem Schutzgebiet benachbarten Bezirken. Jetzt können infolge der Vorschrift des § 32 KGG. auch deutsche Kolonialgesellschaften gegründet werden, die den Betrieb eines Unternehmens der bezeichneten Art in einem Konsulargerichtsbezirk zum Gegenstand haben.

Über Kolonialgesellschaften vgl. Stengel, Rechtsverhältnisse § 25, und Gareis, Kolonialrecht § 11, IIb, wo weitere Literatur angeführt ist.

§ 33.

Durch Kaiserliche Verordnung kann für einen Konsulargerichtsbezirk oder für einen Teil eines solchen angeordnet werden, daß statt der in den

§§ 246, 247, 288 des Bürgerlichen Gesetzbuchs und im § 352 des Handelsgesetzbuchs aufgestellten Zinssätze ein höherer Zinssatz gilt.

1. Der Zinssatz der §§ 246, 288 BGB. ist vier, der des § 352 HGB. fünf und der des § 247 BGB. sechs vom Hundert. Die Möglichkeit der Erhöhung dieser Zinssätze durch Kaiserliche Verordnung wurde mit Rücksicht auf die in den Konsulargerichtsbezirken infolge der größeren Gewinn- und Verlustmöglichkeiten, sowie der schwankenden Währungsverhältnisse üblichen höheren Zinssätze gefordert (Begründung S. 26).

2. Auf Grund dieses Paragraphen erging Art. 3 der Verordnung zur Einführung des KGG. vom 25. Okt. 1900. Er lautet:

„Statt der in den §§ 246, 247, 288 des Bürgerlichen Gesetzbuches und im § 352 des Handelsgesetzbuchs aufgestelltеn Zinssätze gilt in den Konsulargerichtsbezirken ein den landesüblichen Vertragszinsen entsprechender Zinssatz, jedoch höchstens ein solcher von zehn vom Hundert für das Jahr."

Da nach dem Gesetz durch Kaiserliche Verordnung nur angeordnet werden kann, daß ein höherer Zinssatz gilt als der in den Vorschriften des BGB. und des HGB. aufgestellte, gilt mit der Beschränkung nach oben (höchstens zehn vom Hundert) der den landesüblichen Vertragszinsen entsprechende Zinssatz nur, wenn er mehr als sechs, fünf oder vier vom Hundert beträgt.

3. Der den landesüblichen Vertragszinsen entsprechende Zinssatz ist auch bei Anwendung der Wuchergesetze vom 24. Mai 1880 (RGBl. S. 109) und vom 19. Juni 1903 (RGBl. S. 197), die den Ausdruck „üblicher Zinsfuß" enthalten, zu berücksichtigen.

Die Zinssätze der Wechselordnung Art. 50 f. können nicht durch Kaiserliche Verordnung abgeändert werden.

§ 34.

Inhaberpapiere der im § 795 Abs. 1 des Bürgerlichen Gesetzbuchs bezeichneten Art, die in einem Konsulargerichtsbezirke von einer der Konsulargerichtsbarkeit unterworfenen Person ausgestellt worden sind, dürfen nur mit Genehmigung des Reichskanzlers in den Verkehr gebracht werden.

Der § 795 BGB. handelt von Schuldverschreibungen auf den Inhaber, in denen die Zahlung einer bestimmten Geldsumme versprochen wird. Die Genehmigung, die regelmäßig gefordert wird, damit diese Schuldverschreibungen in den Verkehr gebracht werden dürfen, soll vom Reichskanzler erteilt werden, wenn sie in Konsulargerichtsbezirken von der Konsulargerichtsbarkeit unterworfenen Personen ausgestellt worden sind.

Unter Personen sind natürliche und juristische zu verstehen. Wo die Person ihren Wohnsitz oder ihre gewerbliche Niederlassung hat, ist gleichgiltig; maßgebend ist nur der Ausstellungsort.

§ 35.

Durch Anordnung des Reichskanzlers kann bestimmt werden, wer in den Konsulargerichtsbezirken an die Stelle der Gemeinde des Fundorts in den Fällen der §§ 976, 977 und an die Stelle der öffentlichen Armenkasse einer Gemeinde im Falle des § 2072 des Bürgerlichen Gesetzbuchs zu treten hat.

Die Gemeinde des Fundortes und die öffentliche Armenkasse einer Gemeinde sind Einrichtungen, die in den Konsulargerichtsbezirken fehlen oder wenigstens für die der Konsulargerichtsbarkeit unterworfenen Personen nicht in Frage kommen. Die in diesem Paragraphen bezeichneten Vorschriften des BGB. bedürfen deshalb einer Änderung. Die Regelung dieses Gegenstandes durch Kaiserliche Verordnung gemäß § 20 Abs. 2 wurde für untunlich gehalten, da die Stellen, durch die die im BGB. bezeichneten Einrichtungen ersetzt werden sollen, regelmäßig nicht allgemein, sondern nur für den einzelnen Fall bezeichnet werden können; es wurde deshalb die Bestimmung der Stellen durch Anordnung des Reichskanzlers gewählt (Begründung S. 26).

Solange keine Anordnung ergangen ist, findet in denjenigen Bezirken, in denen die betreffenden Einrichtungen nicht vorhanden sind, insoweit gemäß § 20 Abs. 1 KGG. keine Anwendung der Vorschriften statt, in den anderen aber sind die Vorschriften des BGB. anzuwenden, sollten auch die Einrichtungen für die der Konsulargerichtsbarkeit unterworfenen Personen weiter nicht in Frage kommen.

§ 36.

Die Form einer Ehe, die in einem Konsulargerichtsbezirke von einem Deutschen oder von einem Schutzgenossen, der keinem Staate angehört, geschlossen wird, bestimmt sich ausschließlich nach den Vorschriften des Gesetzes, betreffend die Eheschließung und die Beurkundung des Personenstandes von Reichsangehörigen im Auslande, vom 4. Mai 1870 (Bundes-Gesetzbl. S. 599, Reichs-Gesetzbl. 1896 S. 614). Ein Schutzgenosse, der einem fremden Staate angehört, kann die Ehe in dieser oder in einer anderen, nach den Gesetzen seines Staates zulässigen Form schließen.

Durch Kaiserliche Verordnung kann bestimmt werden, inwieweit in einem Konsulargerichtsbezirke die Beachtung der Vorschriften genügt, die von der dortigen Staatsgewalt über die Form der Eheschließung erlassen sind.

1. Die für die Form der Eheschließung gegebenen Vorschriften des BGB. (§§ 1316 ff.) und des Gesetzes über die Beurkundung des Personenstandes und die Eheschließung vom 6. Febr. 1875 (RGBl. S. 23, RGBl. 1896 S. 618) gelten in den Konsulargerichtsbezirken nicht. In ihnen regelt lediglich das durch Art. 40 EG. z. BGB. abgeänderte G. vom 4. Mai 1870, zu dem am 1. März 1871, 11. Dez. 1885, 14. April 1890 und 28. März 1894 Instruktionen und Erlasse des Reichskanzlers ergangen sind, die Form der Ehen, die von Deutschen oder Schutzgenossen, welche keinem Staate angehören, geschlossen werden. Nur Schutzgenossen, welche einem fremden Staate angehören, können die Ehe auch nach den Gesetzen ihres Staates schließen, also z. B. wenn sie Angehörige des Staates sind, in dem die Konsulargerichtsbarkeit ausgeübt wird, nach den am Orte der Eheschließung bestehenden Landesvorschriften.

Durch die Bestimmungen des § 36 sind die Streitfragen, die vor Inkrafttreten des Gesetzes aufgetreten waren (vgl. Entsch. des 4. Zivilsenates des RG. vom 26. Febr. 1891, RGZ. Bd. 27 S. 101), beseitigt.

2. Zu Abs. 2 vgl. den in Anm. 2 zu § 27 abgedruckten Abs. 2 des Art. 2 der Einführungsverordnung des KGG.

§ 37.

Durch Kaiserliche Verordnung können für die innerhalb der Konsulargerichtsbezirke belegenen

Grundstücke die Grundsätze bestimmt werden, nach denen die Sicherheit einer Hypothek, einer Grundschuld oder einer Rentenschuld im Sinne des § 1807 des Bürgerlichen Gesetzbuchs festzustellen ist.

„Nach § 1807 Abs. 2 des BGB. können die Landesgesetze für die innerhalb ihres Geltungsbereichs belegenen Grundstücke die Grundsätze über Wertermittelung und Beleihungsgrenze bestimmen, die bei der Anlegung von Mündelgeld sowie in anderen Fällen mündelsicherer Anlagen (vgl. z. B. § 1079, § 1288 Abs. 1, § 1377 Abs. 2, § 1642 Abs. 1, § 2119 des BGB.) zur Anwendung kommen. Da die hiernach für Preußen im Art. 73 des AG. z. BGB. aufgestellten Grundsätze für die innerhalb der Konsulargerichtsbezirke belegenen Grundstücke nicht ohne weiteres passen, auch zum Teil Einrichtungen voraussetzen, die in diesen Bezirken fehlen, hat der Entwurf mit Rücksicht auf die Bedeutung des in solchem Grundbesitz angelegten deutschen Kapitals die Möglichkeit einer anderweitigen Regelung durch Kaiserliche Verordnung vorgesehen." (Begründung S. 27).

Bis zum Erlaß einer Verordnung kommen gemäß § 19 Nr. 1 KGG. die preußischen Gesetzesvorschriften zur Anwendung, es sei denn, daß § 20 Abs. 1 Anwendung findet.

§ 38.

Im Falle des § 2249 Abs. 1 des Bürgerlichen Gesetzbuchs kann das Testament durch mündliche Erklärung vor drei Zeugen nach § 2250 errichtet werden; der § 2249 Abs. 2 findet entsprechende Anwendung.

In Konsulargerichtsbezirken ist dem Erblasser gestattet, falls zu besorgen ist, daß er früher sterben werde, als die Errichtung eines Testaments vor einem Richter oder vor einem Notar möglich ist, das Testament durch mündliche Erklärung vor drei Zeugen zu errichten, worüber ein Protokoll aufgenommen werden muß. Unter Zuziehung eines Dolmetschers kann aber ein Testament in dieser Form nicht errichtet werden. Auf die Zeugen finden die Vorschriften der §§ 2234, 2235 und des § 2237 Nr. 1—3 BGB. Anwendung, auf das Protokoll die der §§ 2240—2242, 2245 und des § 2249 Abs. 2 BGB. Nach der Bestimmung des letzterwähnten Paragraphen muß im Protokoll die Besorgnis, daß die Errichtung eines Testaments vor einem Richter oder vor einem Notar nicht möglich sein werde, festgestellt werden. Der Giltigkeit des Testaments steht nicht entgegen, daß diese Besorgnis nicht begründet war.

§ 39.

Durch Kaiserliche Verordnung können für die Konsulargerichtsbezirke die der Landesgesetzgebung vorbehaltenen Bestimmungen über die Hinterlegung und die Hinterlegungsstellen getroffen werden.

Die der Landesgesetzgebung vorbehaltenen Bestimmungen über die Hinterlegung und die Hinterlegungsstellen sind in den Art. 144 f. EG. z. BGB. bezeichnet. Solange der Kaiser von dem ihm verliehenen Verordnungsrecht keinen Gebrauch macht, gilt in den Konsulargerichtsbezirken gemäß § 19 Nr. 1 KGG., die preußische Hinterlegungsordnung vom 14. März 1879 (GS. S. 249), abgeändert durch Art. 84 AG. z. BGB. soweit nicht ihre Bestimmungen nach § 20 Abs. 1 KGG. keine Anwendung finden.

§ 40.

In Handelssachen finden die Vorschriften der im § 19 bezeichneten Gesetze nur insoweit An-

wendung, als nicht das im Konsulargerichtsbezirke geltende Handelsgewohnheitsrecht ein anderes bestimmt.

Handelssachen im Sinne des Abs. 1 sind die von einem Kaufmanne vorgenommenen Rechtsgeschäfte der im § 1 Abs. 2 des Handelsgesetzbuchs bezeichneten Art sowie die Angelegenheiten, die eines der im § 101 Nr. 3 a, d, e, f des Gerichtsverfassungsgesetzes aufgeführten Rechtsverhältnisse zum Gegenstande haben.

1. Das BGB. und das HGB. vom 10. Mai 1897 enthalten keine Bestimmungen über Gewohnheitsrecht. Es ist deshalb streitig, ob und in welchem Umfange in Deutschland Gewohnheitsrecht gilt. Für die Konsulargerichtsbezirke ist durch die Bestimmung des § 40 diese Streitfrage für Handelssachen beseitigt. In den betreffenden Ländern hat sich aus den Handelsbeziehungen, in welche die Fremden teils untereinander, teils mit den Eingeborenen treten, vielfach ein gemeinsames Gewohnheitsrecht entwickelt; ihm kommt im Verkehr allgemeine Geltung zu (Begr. z. fr. Ges., StenB. Bd. IV S. 578). Man hielt es deshalb für richtig, seine Anwendung in Handelssachen in erster Linie vorzuschreiben, so daß es allen sonstigen bürgerlichen Rechten vorgeht. (Urteil des ersten Senats des ROHG. vom 20. Sept. 1872, Entsch. Bd. 7 S. 154, Urteil des 1. Zivilsenats des RG. vom 3. Juni 1885, Seufferts Archiv Bd. 41 Nr. 281 S. 421. Die materiell rechtlichen Bestimmungen der Konkursordnung werden nach dem Urteil des 1. Zivilsenats des RG. vom 3. Juni 1885, RGZ. Bd. 14 S. 143, nicht getroffen.)

Die durch die Wissenschaft geforderten Tatsachen, aus denen auf das Bestehen eines Gewohnheitsrechts geschlossen werden kann, müssen vorliegen.

Über den Beweis eines Gewohnheitsrechts ZPO. § 293.

2. Abs. 2 zählt die Handelssachen auf. Zu ihnen gehören die von einem Kaufmann vorgenommenen Rechtsgeschäfte der in § 1 Abs. 2 HGB. bezeichneten Art, ohne daß, wie in § 101 Nr. 1 GVG., zwischen einseitigen und zweiseitigen Handelsgeschäften unterschieden wird.

Auf Grund des § 40 auch in Sachen, die nicht zu den von ihnen als Handelssachen bezeichneten gehören, ein Handelsgewohnheitsrecht anzuerkennen, ist unzulässig.

Fünfter Abschnitt.

Besondere Vorschriften über das Verfahren in bürgerlichen Rechtsstreitigkeiten, in Konkurssachen und in den Angelegenheiten der freiwilligen Gerichtsbarkeit.

§ 41.

In bürgerlichen Rechtsstreitigkeiten richtet sich das Verfahren vor dem Konsul sowie vor dem Konsulargerichte nach den Vorschriften über das Verfahren vor den Amtsgerichten mit der Maßgabe, daß auch die Vorschriften der §§ 348 bis 354 der Zivilprozeßordnung Anwendung finden.

1. In bürgerlichen Rechtsstreitigkeiten die Vorschriften über das Verfahren vor den Landgerichten auf das Verfahren vor den Konsulargerichten zu übertragen, schien wegen des Fehlens eines Anwaltsstandes in den Konsulargerichtsbezirken nicht angängig (Begr. z. fr. Ges. StenB. Bd. 4 S. 582). Es ist deshalb bestimmt worden, daß sich in ihnen das Verfahren vor den Konsulargerichten ebenso wie das vor dem Konsul nach den Vorschriften über das Verfahren vor den Amtsgerichten, insbesondere den §§ 495 bis 510 ZPO., richtet.

Hiervon wird eine Ausnahme gemacht: die §§ 348 bis 354 ZPO. über das vorbereitende Verfahren in Rechnungssachen, Auseinandersetzungen und ähnlichen Prozessen, die im amtsgerichtlichen Verfahren lt. § 508 ZPO. keine Anwendung finden, gelten, und zwar in den Prozessen vor dem Konsulargericht und vor dem Konsul. Für den Konsul erscheint es aber nur dann zweckmäßig, von der Befugnis der Anordnung eines vorbereitenden Verfahrens Gebrauch zu machen, wenn eine Übertragung richterlicher Geschäfte an einen anderen Beamten entgegen der in Anm. 7 zu § 6 vertretenen Ansicht für zulässig erachtet wird. Denn ein solches Verfahren vor sich selbst anzuordnen, würde nur eine Prozeßverzögerung mit sich bringen.

2. Da die Vertretung der Partei durch einen zugelassenen Rechtsanwalt nicht geboten ist, kann sie, auch vor dem Konsulargericht, selbst oder durch jede prozeßfähige Person als Bevollmächtigte den Rechtsstreit führen (ZPO. § 78 Abs. 1, § 79). Der Mangel einer Vollmacht ist vom Gericht von Amts wegen zu berücksichtigen (§ 88 ZPO. Abs. 2). Ist ein Bevollmächtigter bestellt worden, so müssen Zustellungen in dem anhängigen Rechtsstreit an ihn erfolgen, widrigenfalls sie wegen des zwingenden Charakters der Vorschrift des § 176 ZPO. unwirksam sind.

§ 42.

In Rechtsstreitigkeiten, die die Nichtigkeit einer Ehe zum Gegenstande haben, werden die Verrichtungen der Staatsanwaltschaft von dem Konsul einer der zur Ausübung der Rechtsanwaltschaft zugelassenen Personen, einem anderen achtbaren Gerichtseingesessenen oder sonst im Konsulargerichtsbezirke befindlichen Deutschen oder Schutzgenossen übertragen. Das gleiche gilt in Entmündigungssachen sowie im Aufgebotsverfahren zum Zwecke der Todeserklärung.

1. Durch die Durchführung des im § 15 aufgestellten Grundsatzes, daß eine Mitwirkung der Staatsanwaltschaft in den vor den Konsul oder das Konsulargericht gehörenden Sachen nicht stattfindet, würde da, wo nach der ZPO. die Staatsanwaltschaft als Partei an dem Rechtsstreit teilnimmt, eine Lücke entstehen. Es hatte deshalb das frühere Gesetz für einen Ersatz in diesen Fällen gesorgt, nämlich in Rechtsstreitigkeiten, die die Nichtigkeit einer Ehe (§ 631 ZPO.), die Anfechtung des eine Entmündigung aussprechenden Beschlusses und den Antrag auf Wiederaufhebung einer Entmündigung im Wege der Klage (§ 666, § 679 Abs. 4, § 684 Abs. 3, § 686 Abs. 3 ZPO.) betreffen. Jetzt ist aber durch § 42 außerdem nicht nur in dem inzwischen reichsgesetzlich geregelten Aufgebotsverfahren zum Zwecke der Todeserklärung, in dem nach § 974 Abs. 2 ZPO. die Staatsanwaltschaft als Partei teilnimmt, sondern auch in dem außer den schon erwähnten noch vorkommenden Fällen des Verfahrens in Entmündigungssachen (6. Buch 3. Abschn. ZPO.), wo ihre Mitwirkung nach der ZPO. nur fakultativ ist, ein Ersatz geschaffen. Die Vorschrift des § 42 trifft daher alle Fälle, in denen die ZPO. die Mitwirkung der Staatsanwaltschaft kennt, mit Ausnahme derjenigen Ehesachen, die nicht die Nichtigkeit der Ehe betreffen, und des Verfahrens in Rechtsstreitigkeiten, welche die Feststellung des Rechtsverhältnisses

zwischen Eltern und Kindern zum Gegenstand haben (6. Buch 2. Abschn. ZPO.).

2. Der Konsul hat eine Person für die Wahrnehmung der Tätigkeit der Staatsanwaltschaft für jeden einzelnen Fall, in dem eine Mitwirkung stattfindet, zu bestimmen. In dem Unterlassen einer solchen Ernennung liegt ein wesentlicher Mangel des Verfahrens im Sinne des § 539 ZPO. (Goes, Kommentar Anm. 3 u. 4 zu § 17).

Für die Ernennung kommen in Betracht: die gemäß § 17 zur Ausübung der Rechtsanwaltschaft zugelassenen Personen (und zwar ohne Rücksicht darauf, ob sie Deutsche oder Schutzgenossen sind oder Ausländer, da aus dem Gebrauch des Wortes „anderen" vor „achtbaren Gerichtseingesessenen" eine solche Folgerung nicht zu ziehen ist), die achtbaren Gerichtseingesessenen und die sonst im Konsulargerichtsbezirk aufhältlichen Deutschen oder Schutzgenossen. Eine Pflicht zur Übernahme des Amtes besteht für keine dieser Personen; um einen Rechtsanwalt zur Annahme zu veranlassen, kann der Konsul den Widerruf der Zulassung androhen (§ 17 Abs. 1 Satz 2).

Ob für die Ausübung der Verrichtungen eine Vergütung gefordert werden kann, richtet sich bei dem Fehlen einer besonderen Bestimmung hierüber nach allgemeinen Rechtssätzen, insbesondere nach denen über den Dienstvertrag.

§ 43.

In den nach § 7 Nr. 1 zur Zuständigkeit des Konsuls gehörenden bürgerlichen Rechtsstreitigkeiten findet, sofern der Wert des Streitgegenstandes die Summe von dreihundert Mark nicht übersteigt, ein Rechtsmittel nicht statt.

1. Die erste Voraussetzung für den Ausschluß von Rechtsmitteln in bürgerlichen Rechtsstreitigkeiten ist, daß sie nach § 7 Nr. 1 zur Zuständigkeit des Konsuls gehören. Es muß sich also um eine durch das Gerichtsverfassungsgesetz oder die Zivilprozeßordnung (z. B. infolge Vereinbarung der Zuständigkeit des Konsuls durch die Parteien, vgl. Anm. 1 zu § 7) dem Amtsgericht zugewiesene Sache handeln. Diese Voraussetzung ist demnach nicht erfüllt, wenn in einer an sich nach § 10 Nr. 1 zur Zuständigkeit des Konsulargerichts gehörigen Sache der Konsul auf Grund von § 9 Abs. 1 ohne Beisitzer entschieden hat.

2. Die zweite Voraussetzung ist, daß der Wert des Streitgegenstandes die Summe von dreihundert Mark nicht übersteigt. Während in inländischen Prozessen nach § 546 ZPO. für die Zulässigkeit der Revision der Wert des Beschwerdegegenstandes maßgebend ist, kommt es in konsulargerichtlichen Sachen, sofern nur der Wert des Streitgegenstandes die genannte Summe übersteigt, auf den möglicherweise geringeren Wert des Beschwerdegegenstandes nicht an (Entsch. des 1. Zivilsenats des RG. vom 26. Jan. 1885, RGZ. Bd. 13 S. 409 und in der Juristischen Wochenschrift 1885, S. 95).

Die Festsetzung des Wertes des Streitgegenstandes erfolgt gemäß §§ 3 bis 9 ZPO.

Brauer, Justizgesetze S. 94, meint, bei der Umrechnung des im Konsulargerichtsbezirk üblichen Münzfußes in deutsche Reichswährung behufs Feststellung des Streitwertes sei der für Abrechnungen mit dem auswärtigen Amte etwa bestehende amtliche Normalkurs und nur in Ermangelung eines solchen der Börsenkurs z. Z. der Erhebung der Klage in Ansatz zu bringen. Ein amtlicher Normalkurs kann aber ohne besondere Gründe nicht als maßgebend für die Parteien angesehen werden.

3. Beide Voraussetzungen müssen zusammentreffen. Es finden deshalb Rechtsmittel nicht statt, erstens wenn zwar der Konsul gemäß § 7 Nr. 1 zuständig ist, der Wert des Streitgegenstandes aber dreihundert Mark übersteigt, wie es, abgesehen von Fällen der oben in Anm. 1 erwähnten Prorogation in Fällen des § 23 Nr. 2 GVG. möglich ist, und zweitens, wenn zwar der Wert des Streitgegenstandes die genannte Summe nicht übersteigt, aber das Konsulargericht zuständig ist (z. B. in Fällen des § 70 Abs. 2 GVG., bei Prorogation und nicht vermögensrechtlichen Ansprüchen).

4. Liegen beide Voraussetzungen vor, so findet kein Rechtsmittel statt. Einspruch gegen ein Versäumnisurteil, Widerspruch gegen einen Zahlungsbefehl, Wiedereinsetzung in den vorigen Stand und Wiederaufnahme des Verfahrens sind aber keine Rechtsmittel.

Da Revision schon nach § 14 nicht in Frage kommt, trifft die Bestimmung des § 43 nur Berufung und Beschwerde. Wird in Fällen des § 43 Berufung oder Beschwerde eingelegt, so ist der Konsul, selbst wenn schon vorher auf ein Rechtsmittel gegen seine Entscheidung über den Wert des Streitgegenstandes vom Reichsgericht festgestellt sein sollte, daß dieser Wert die Summe von 300 M. nicht übersteigt, trotzdem aus den in Anm. 5 zu § 45 angeführten Gründen zur Übersendung der Akten an das Reichsgericht verpflichtet.

§ 44.

Der Konsul ist zur Abänderung seiner durch sofortige Beschwerde angefochtene Entscheidung auch außer den im § 577 Abs. 3 der Zivilprozeßordnung bezeichneten Fällen befugt.

1. Während in Fällen der einfachen Beschwerde das Gericht, dessen Entscheidung angefochten wird, der für begründet erachteten Beschwerde abzuhelfen hat (ZPO. § 571), ist es hierzu im Inland gemäß § 577 Abs. 3 ZPO. bei der sofortigen Beschwerde nur in den Fällen des § 103 Abs. 1 und des § 105 Abs. 4 ZPO. berechtigt. In den Konsulargerichtsbezirken wird der Konsul durch § 44 befugt, in allen Fällen der sofortigen Beschwerde seine angefochtenen Entscheidungen abzuändern.

2. Die Abänderungsbefugnis wird nicht dem Konsulargericht, sondern nur dem Konsul erteilt. Ihm aber steht sie zu, sowohl wenn er die Entscheidung in den nach § 7 Nr. 1 zu seiner Zuständigkeit gehörenden Sachen, als auch wenn er sie in den nach § 10 Nr. 1 zur Zuständigkeit des Konsulargerichts gehörenden Sachen auf Grund des letzten Satzes des § 11 erlassen hat. Unrichtig aber ist die von Goes vertretene Ansicht (Komm. Anm. 2 b zu § 19), der Konsul sei zur Abänderung auch befugt, wenn er die Entscheidung auf Grund des § 9 Abs. 1 allein erlassen habe, weil die Zuziehung von Beisitzern nicht ausführbar gewesen sei. Denn der Konsul tritt in diesem Falle „an die Stelle des Konsulargerichts" und kann deswegen nicht weitere Befugnisse haben, als das von ihm vertretene Gericht.

3. Die Bestimmung dieses Paragraphen gilt nach der Überschrift dieses Abschnittes und KO. § 72 auch für das Verfahren in Konkurssachen.

4. Vgl. § 48, § 64 Abs. 2.

§ 45.

Das Rechtsmittel der Berufung wird bei dem Konsul eingelegt. Die Einlegung erfolgt durch Einreichung der Berufungsschrift. Auf die Einlegung findet die Vorschrift des § 78 Abs. 1 der Zivilprozeßordnung keine Anwendung. Die Be-

rufungsschrift ist der Gegenpartei unter Beachtung der Vorschriften des § 179 der Zivilprozeßordnung von Amts wegen zuzustellen. Der Konsul hat die Prozeßakten mit dem Nachweise der Zustellung dem Reichsgerichte zu übersenden.

Das Reichsgericht hat den Termin zur mündlichen Verhandlung von Amts wegen zu bestimmen und den Parteien bekannt zu machen.

Die Bekanntmachung des Termins erfolgt an den für die Berufungsinstanz bestellten und dem Reichsgerichte durch Vermittelung des Konsuls oder durch die Partei selbst rechtzeitig benannten Prozeßbevollmächtigten oder Zustellungsbevollmächtigten, in Ermangelung eines solchen an die Partei selbst.

Die im § 520 der Zivilprozeßordnung vorgesehene Frist beginnt mit dem Zeitpunkt, in dem der Termin dem Berufungsbeklagten bekannt gemacht worden ist.

Dienstanweisung hierzu s. o. bei § 14.

1. Das Rechtsmittel der Berufung wird bei dem Konsul durch Einreichung der Berufungsschrift eingelegt. Die Einreichung der Berufungsschrift tritt an die Stelle der für das inländische Verfahren durch § 518 Abs. 1 ZPO. vorgeschriebenen Zustellung der Berufungsschrift. Die inländischen Bestimmungen über den Zeitpunkt der Berufungseinlegung gelten auch in den Konsulargerichtsbezirken: es ist deshalb eine Berufungseinlegung vor Urteilszustellung, wie z. B. im Falle der Einreichung der Berufungsschrift mit dem gleichzeitigen Antrag auf Urteilszustellung, wenn letztere vorher noch nicht erfolgt

ist, wirkungslos (ZPO. § 516 letzter Satz), vgl. RGZ. vom 30. April 1900 — IV 202/99 — in Gruchot's Beiträgen zur Erklärung des deutschen Rechts, 1900, Bd. 44 S. 1170.

2. Im Gegensatz zu der Vorschrift des § 78 Abs. 1 ZPO. bedarf die Berufungsschrift der Unterschrift eines bei dem RG. zugelassenen Rechtsanwalts nicht. An Stelle einer solchen Unterschrift kann die der Partei oder des Prozeßbevollmächtigten für die erste Instanz treten. Da aber ZPO. § 130 nur instruktionell und deshalb eine Unterschrift überhaupt nicht nötig ist, ist es auch zulässig, die Berufungsschrift zu Protokoll des Gerichtsschreibers zu erklären. In der Weitergabe des Protokolls durch den Gerichtsschreiber an den Konsul liegt dann die Einreichung der Berufungsschrift.

Alle späteren Schriftsätze müssen die Unterschrift eines bei dem RG. zugelassenen Rechtsanwalts tragen, um rechtliche Wirksamkeit zu haben, so auch der die Zurücknahme der Berufung erklärende Schriftsatz.

3. Die Berufungsschrift muß nach § 518 Abs. 2 ZPO. die Urteilsbezeichnung, die Erklärung der Berufungseinlegung und die Ladung enthalten. Es kann in Konsulargerichtssachen zweifelhaft sein, ob an dem Erfordernis der Ladung festgehalten werden muß: denn der Inhalt der Ladung besteht nach den Vorschriften der ZPO. in der Aufforderung an die Gegenpartei, in dem durch den Richter bestimmten, in der Ladungsschrift enthaltenen Termin zu erscheinen; hier aber trägt die Schrift keinen Terminsvermerk, da der Konsul, der sie vor Übersendung der Akten an die zweite Instanz der Gegenpartei zustellt, nicht in der Lage ist, sie mit einem solchen zu versehen; es könnte deshalb in der von Amts wegen erfolgenden Bekanntmachung des Termins an die Parteien durch das RG. ein Ersatz der Parteiladung gefunden werden. Richtig erscheint es jedoch, an dem Erfordernis der Ladung festzuhalten, da eine ausdrückliche Bestimmung über ihre Aufhebung fehlt; die Ladung findet ihre Ergänzung durch die Terminsbekanntmachung des RG.; letztere kann die Ladung nicht ersetzen, da sie zum Erscheinen im Termin nicht auffordert.

4. Die Zustellung der Berufungsschrift durch den Konsul hat nach den Vorschriften dieses G. (§ 28) und der ZPO., insbesondere der §§ 208 ff. und des besonders erwähnten § 179 zu erfolgen. Wenn die Berufungsschrift nicht zugestellt ist, so kann wegen ZPO. § 335 Nr. 1 kein Versäumnisurteil zu Gunsten des Berufungsklägers erlassen werden.

5. Der Konsul hat, sofern bei ihm eine Berufungsschrift in deutscher Sprache (vgl. Anm. 2 zu § 18) eingeht, die Prozeßakten dem RG. zu übersenden, auch wenn er die Berufung für unstatthaft oder für nicht in der gesetzlichen Form oder Frist eingelegt hält. Denn die Prüfung dieser Fragen liegt nach ZPO. § 535 dem Berufungsgericht ob; die Tätigkeit des Konsuls beschränkt sich auf die Mitteilung einer Abschrift der Berufungsschrift an die Gegenpartei und die Übersendung der Akten (vgl. Beschluß des 2. Zivilsenats des RG. vom 2. Okt. 1893, RGZ. Bd. 31 S. 428). Der Konsul ist ferner auch dann zur Übersendung der Akten an das RG. verpflichtet, wenn noch vor der Absendung die Berufung durch Zustellung eines Schriftsatzes zurückgenommen wird, da der Berufungsbeklagte die Möglichkeit haben muß, ein Urteil gemäß § 515 Abs. 3 ZPO. zu erlangen.

6. Eine Mitteilung an den Berufungskläger von der erfolgten Zustellung der Berufungsschrift und eine Benachrichtigung der Parteien von der Absendung der Akten sind dem Konsul nicht vorgeschrieben.

7. Das RG. bestimmt den Termin zur mündlichen Verhandlung und gleichzeitig, wenn die Terminsbekanntmachung an den Berufungsbeklagten im Auslande vorzunehmen ist, die Einlassungsfrist (vgl. ZPO. § 262 Abs. 2).

8. Die Terminsbestimmung ist von Amts wegen zuzustellen (ZPO. § 329 Abs. 3), und zwar dem für die Berufungsinstanz bestellten Prozeß- oder Zustellungsbevollmächtigten, der dem RG. rechtzeitig benannt ist, d. h. so zeitig, daß die Bekanntgabe an ihn noch auszuführen sich ermöglicht (Bericht S. 11), in Ermangelung eines solchen Prozeß- oder Zustellungsbevollmächtigten der Partei selbst.

Wie im Beschluß der vereinigten Zivilsenate des RG. vom 24. Juni 1899 (RGZ. Bd. 44 S. 409) erwähnt, ersucht das RG. den Konsul um Vornahme der Zustellungen, falls sie im Konsulargerichtsbezirk zu erfolgen haben.

9. Über das Verfahren vor dem RG. s. Anm. 4 zu § 14.

§ 46.

Die Zwangsvollstreckung im Konsulargerichtsbezirk aus den bei der Ausübung der Konsulargerichtsbarkeit für diesen Bezirk entstandenen vollstreckbaren Schuldtiteln erfolgt gegen die der Konsulargerichtsbarkeit unterworfenen Personen nach den Vorschriften über die Zwangsvollstreckung im Inlande. Im übrigen wird die Vollstreckung im Konsulargerichtsbezirke gegen solche Personen durch den Konsul auf ein an ihn gemäß § 791 der Zivilprozeßordnung gerichtetes Ersuchen veranlaßt.

1. Dieser Paragraph regelt die Zwangsvollstreckung in Konsulargerichtsbezirken gegen die der Konsular-

gerichtsbarkeit unterworfenen Personen. Hierbei ist der im § 28 für Zustellungen aufgestellte Grundsatz, daß der einzelne Konsulargerichtsbezirk in sich als Inland, dagegen im Verhältnisse zu jedem anderen Gebiet als Ausland anzusehen ist, eingehalten worden (Begründung S. 29). Es erfolgt demnach die Zwangsvollstreckung im Konsulargerichtsbezirk aus den bei der Ausübung der Konsulargerichtsbarkeit für diesen Bezirk entstandenen vollstreckbaren Schuldtiteln, also auch aus den entsprechenden Entscheidungen des RG., nach den Vorschriften über die Zwangsvollstreckung im Inlande, im übrigen aber nach den Vorschriften über die Zwangsvollstreckung im Ausland. In allen Fällen letzterer Art wird ein Ersuchen an den Konsul gemäß Abs. 2 § 791 ZPO. gefordert, und ihm ist die Vollstreckung, für die als Schuldtitel z. B. andere Urteile inländischer Gerichte als die erwähnten reichsgerichtlichen, Urteile der deutschen Konsulargerichte anderer Bezirke und der deutschen Schutzgebietsgerichte in Frage kommen, übertragen.

2. Dieses Gesetz bestimmt nichts über die Vollstreckbarkeit konsulargerichtlicher Urteile in Deutschland und in den Schutzgebieten: sie sind, da sie nicht zu den ausländischen Urteilen des § 722 ZPO. zu zählen sind, vollstreckbar, ohne daß hierzu ein besonderes Vollstreckungsurteil erforderlich ist (Struckmann-Koch, Kommentar zur Zivilprozeßordnung, 1901, Anm. 1 zu § 722; Petersen-Anger, Kommentar zur Zivilprozeßordnung, 1901, Anm. 1 zu § 722; in beiden Kommentaren sind weitere Schriftsteller angeführt; ferner Stengel, Rechtsverhältnisse S. 173).

3. Das Gesetz bestimmt ferner nichts über die Zwangsvollstreckung aus den bei Ausübung der Konsulargerichtsbarkeit entstandenen vollstreckbaren Schuldtiteln gegen die der Konsulargerichtsbarkeit nicht unterworfenen Personen, gegen die z. B., wenn sie als

Kläger in bürgerlichen Rechtsstreitigkeiten oder als Privatkläger aufgetreten sind, eine Verurteilung in die Kosten eines Rechtsstreites erfolgen kann (vgl. Anm. 1 zu § 2). Die Zwangsvollstreckung gegen solche Personen wird durch die Bestimmungen des für sie geltenden Rechts geregelt.

§ 47.

In den Fällen der §§ 110, 179 der Konkursordnung soll der Termin zur Beschlußfassung über die Wahl eines anderen Verwalters und über die Bestellung eines Gläubigerausschusses sowie der Vergleichstermin nicht über zwei Monate hinaus anberaumt werden.

Diese Termine können bis auf drei Monate hinausgeschoben werden, wenn der Bezirk des Konsulargerichts, vor dem das Verfahren schwebt, nicht in Europa, in Egypten oder an der asiatischen Küste des Schwarzen oder des Mittelländischen Meeres liegt.

Der Zeitraum, der nach § 138 der Konkursordnung zwischen dem Ablaufe der Anmeldefrist und dem allgemeinen Prüfungstermine liegen muß, soll mindestens zwei Wochen und höchstens drei Monate betragen.

An die Stelle der in den §§ 152, 203 der Konkursordnung vorgesehenen Fristen tritt eine Frist von einem Monat, im Falle des Abs. 2 eine Frist von zwei Monaten.

Dieser Paragraph verlängert mehrere Fristen der Konkursordnung. Über die Gründe, die in den Konsulargerichtsbezirken für Fristenverlängerung sprechen, vgl. Anm. zu § 62.

§ 48.

Die Vorschrift des § 18 Abs. 2 des Reichsgesetzes über die Angelegenheiten der freiwilligen Gerichtsbarkeit findet auf eine durch Beschwerde angefochtene Verfügung des Konsuls keine Anwendung.

Die schon im früheren Gesetz enthaltenen Bestimmungen über die Befugnis des Konsuls zur Abänderung seiner durch sofortige Beschwerden angegriffenen Entscheidungen in bürgerlichen Rechtsstreitigkeiten, Konkurssachen und Strafsachen sind in dieses Gesetz wieder aufgenommen worden (vgl. § 44, § 64 Abs. 2). Ihnen ist jetzt die Vorschrift des § 48 hinzugefügt, nach der der Konsul auch in Angelegenheiten der freiwilligen Gerichtsbarkeit zur Änderung aller Verfügungen, also auch der der sofortigen Beschwerde unterliegenden, berechtigt ist.

Sechster Abschnitt.

Besondere Vorschriften über das Strafrecht.

§ 49.

In den Konsulargerichtsbezirken finden die von der dortigen Staatsgewalt erlassenen Strafgesetze soweit Anwendung, als dies durch Herkommen oder durch Staatsverträge bestimmt ist.

In den Beratungen des Reichstages vom 16. Jan. 1900 (StenB. Bd. IV S. 3552) und in der Reichstagskommission (Bericht S. 6) wurde bemerkt, daß die von fremden Staatsgewalten erlassenen Strafgesetze, soweit sie Anwendung finden, den nach § 19 Ziff. 2 gültigen strafrechtlichen Vorschriften der Reichsgesetze vorgehen müssen. Daß in der Regel diese Auffassung zutreffend sein wird, folgt aus den Grundlagen der Konsulargerichtsbarkeit (vgl. Anm. 2 zu § 1).

Findet ein fremdes Strafgesetz Anwendung, das eine den Reichsgesetzen unbekannte Strafart vorschreibt, so kann deshalb das Gericht trotz der Bestimmung des § 6 EG. z. StGB. auf die Strafart des fremden Gesetzes erkennen, während bei Anwendung strafrechtlicher Vorschriften der Reichsgesetze nur auf ihre Strafarten erkannt werden darf. Geldstrafen sind in Fällen der Verurteilung auf Grund von Reichsgesetzen in Mark festzusetzen, nicht etwa in einer anderen Währung.

Über die Ausdrücke „Herkommen" und „Staatsverträge" vgl. Anm. 3 zu § 1.

§ 50.

Durch Kaiserliche Verordnung kann bestimmt werden, inwieweit in den Konsulargerichtsbezirken die strafrechtlichen Vorschriften der allgemeinen Gesetze Anwendung finden, die innerhalb Preußens im bisherigen Geltungsbereiche des preußischen Allgemeinen Landrechts in Kraft stehen.

1. Die Einführung dieser Bestimmung, die das frühere Gesetz nicht enthielt, wurde folgendermaßen begründet: im allgemeinen erscheint ein Zurückgreifen auf preußische Strafvorschriften nicht geboten, da sie zum großen Teile in unmittelbarem Zusammenhang mit preußischen Verwaltungseinrichtungen stehen, die in den Konsulargerichtsbezirken nicht vorhanden sind; ebenso wenig besteht das Bedürfnis, in diesen Bezirken preußische Strafvorschriften allgemein polizeilichen Inhalts zur Anwendung zu bringen, da hier das Polizeiverordnungsrecht des Konsuls (§ 51) ergänzend eingreifen kann; dagegen finden sich in preußischen Gesetzen, die im wesentlichen dem bürgerlichen Rechte angehören und daher in dieser Beziehung gemäß § 19 Nr. 1 in den Konsulargerichtsbezirken ohne weiteres gelten, einzelne zur Durchführung dieser Gesetze bestimmte Strafvorschriften, deren Anwendung in dem einen oder anderen Konsulargerichtsbezirke in Frage kommen kann, z. B. Art. 6 § 3 AG. z. BGB. (Begründung S. 30).

2. Über die Worte „Gesetze, die innerhalb Preußens im bisherigen Geltungsbereiche des preußischen Allgemeinen Landrechts in Kraft stehen" Anm. 4 zu § 19.

3. Eine Kaiserliche Verordnung ist bisher nicht erlassen.

§ 51.

Der Konsul ist befugt, für seinen Gerichtsbezirk oder einen Teil des Bezirkes polizeiliche Vorschriften mit verbindlicher Kraft für die seiner Gerichtsbarkeit unterworfenen Personen zu erlassen und deren Nichtbefolgung mit Haft, Geldstrafe bis zum Betrage von eintausend Mark und Einziehung einzelner Gegenstände zu bedrohen. Diese Vorschriften sind sofort in Abschrift dem Reichskanzler mitzuteilen.

Der Reichskanzler ist befugt, die von dem Konsul erlassenen polizeilichen Vorschriften aufzuheben.

Die Verkündung der polizeilichen Vorschriften, sowie die Verkündung ihrer Aufhebung erfolgt in der für konsularische Bekanntmachungen ortsüblichen Weise, jedenfalls durch Anheftung an die Gerichtstafel.

Dienstanweisung zum § 51.

Bei Ausübung des durch den § 51 erheblich erweiterten Polizeiverordnungsrechts wird es sich empfehlen, daß in nicht eiligen Fällen besonders wichtige Vorschriften dem Reichskanzler vorher zur Genehmigung mitgeteilt werden.

Falls in den Polizeiverordnungen ausnahmsweise auf landesgesetzliche Vorschriften Bezug genommen wird, ist deren Inhalt vollständig, und zwar in deutscher Sprache wiederzugeben.

Die von den Konsuln erlassenen polizeilichen Vorschriften sind in Ländern, wo ein deutscher Gesandter beglaubigt ist, auch diesem in Abschrift mitzuteilen. Der Gesandte hat den Inhalt vom politischen Standpunkte aus zu prüfen und über etwaige Bedenken dem Reichskanzler Bericht zu erstatten.

Die Verkündigung der polizeilichen Vorschriften wird in den meisten Fällen durch Einrückung in eine am Sitze des Konsulats erscheinende Zeitung geschehen können. Wo dies nicht angängig ist und eine andere Form für konsularische Bekanntmachungen nach Ortsgebrauch nicht besteht, genügt die Anheftung an die Gerichtstafel.

1. Dieser Paragraph regelt das Polizeiverordnungsrecht des Konsuls (vgl. darüber, daß der Ausdruck „Konsul" hier nicht einen auf Grund § 6 Abs. 2 ermächtigten Beamten einschließt, Anm. 2 zu § 23). Das Verordnungsrecht ist, wie in der Begr. z. fr. Ges. (StenB. Bd. IV S. 578) ausgeführt wird, keineswegs auf die Fälle beschränkt, in denen es sich um die Ausführung der in den Konsulargerichtsbezirken geltenden inländischen (deut-

schen) Gesetze handelt; es umfaßt vielmehr alle Gegenstände, welche in den Bereich der Polizei fallen, ohne Rücksicht darauf, ob dieselben für den Konsulargerichtsbezirk gesetzlich geregelt sind oder nicht. Selbstverständlich dürfen die Polizeiverordnungen der Konsuln mit den in den Konsulargerichtsbezirken geltenden inländischen Gesetzen nicht in Widerspruch treten; von einem derartigen Widerspruch kann insoweit keine Rede sein, als die inländischen Gesetze vermöge ihres Gegenstandes oder ihrer lokalen Beziehung im Konsulargerichtsbezirk unanwendbar sind. In solchen Fällen wird das Verordnungsrecht des Konsuls dazu dienen, fühlbar gewordene Lücken der Gesetze in einer den eigentümlichen Bedürfnissen des Konsulargerichtsbezirks entsprechenden Weise auszufüllen.

2. Der Konsul ist kraft Gesetzes nicht von der Ausübung des Richteramts ausgeschlossen bei der Entscheidung über strafbare Handlungen gegen eine von ihm selbst auf Grund dieses Paragraphen erlassene Verordnung, sodaß es vorkommen kann, daß er über die Rechtsbeständigkeit seiner eigenen Verordnung und zwar möglicherweise als Alleinrichter (Anm. 2 zu § 7) und unter Ausschluß von Rechtsmitteln (§ 63 Abs. 1) zu entscheiden berufen ist. (Vgl. die Bemerkung des Abgeordneten Dr. Wolffson in der Reichtagsverhandlung vom 3. April 1879, StenB. Bd. II S. 843.)

3. Für den Ausdruck „polizeiliche Vorschriften" fehlt eine gesetzliche Erklärung. Über den Begriff „Polizei" vgl. Gareis, Kolonialrecht § 7 und Goes, Kommentar Anm. 8 zu § 4.

Dem Umstand, daß das Gesetz dem Konsul Mitteilung seiner Verordnungen an den Reichskanzler und ihre öffentliche Bekanntmachung vorschreibt, ist zu entnehmen, daß auf Grund dieses Paragraphen nur allgemeine Verordnungen ergehen können, nicht aber an eine bestimmte Person gerichtete (Goes, Kommentar, Anm. 11 zu § 4).

4. Der Höchstbetrag der Geldstrafe war nach dem preußischen Gesetze 10 Taler; das Gesetz von 1879 erhöhte ihn auf 150 Mark, da nach der Begründung (StenB. Bd. IV S. 579) die Verordnungen erfolglos geblieben sind, weil der bei der Übertretung des Verbots in Aussicht stehende Vorteil den Betrag der Strafe erheblich überwog, diese also gar keine abschreckende Wirkung ausüben konnte. Die jetzt durch nochmalige Erhöhung des Höchstbetrages der Geldstrafe, durch Gestattung der Haftstrafe und der Einziehung einzelner Gegenstände vorgenommene Erweiterung des Verordnungsrechts wurde von der Regierung folgendermaßen begründet: das Verordnungsrecht gewähre unter Umständen das einzige Mittel, um die in den Konsulargerichtsbezirken bestehenden Landesstrafgesetze, insbesondere auf den Gebieten des Zoll- und Steuerwesens sowie der Gesundheits- und Sicherheitspolizei, gegen die der Konsulargerichtsbarkeit unterworfenen Personen zur Durchführung zu bringen; in vielen Fällen stehe eine Geldstrafe von höchstens 150 Mark in keinem Verhältnis zur Schwere der durch sie bedrohten Handlung, und namentlich könne sie durch den bei Übertretung des Verbots z. B. des Schmuggels in Aussicht stehenden Vorteil weit übertroffen werden; auch hätten die auf Grund des bisherigen Polizeiverordnungsrechts erlassenen Strafvorschriften nicht immer ausgereicht, um den durch Staatsvertrag übernommenen Verpflichtungen wegen Bestrafung bestimmter, gegen die Landesgesetze verstoßenden Handlungen voll entsprechen zu können (Begründung S. 30).

Die Umwandlung einer Geldstrafe in Haft regeln §§ 28 f. StGB.

Den Höchstbetrag der Haft setzt StGB. § 18 auf 6 Wochen fest.

5. „Von der Mitteilung der Vorschriften an den Reichskanzler hängt die Rechtsverbindlichkeit für die

Gerichtseingesessenen nicht ab". Brauer, Justizgesetze S. 101.

6. Die Befugnis zur Aufhebung der konsularischen Verordnungen stand nach dem preußischen Gesetz auch der vorgesetzten Gesandtschaft des Konsuls zu. Sie ist beseitigt, da das Aufsichtsrecht des Reichskanzlers für ausreichend gehalten wurde (Begr. z. fr. Ges. StenB. Bd. IV S. 578). Um aber der Gesandtschaft zur Geltendmachung etwaiger Bedenken Gelegenheit zu geben, ist den Konsuln in der Dienstanweisung die Mitteilung an sie vorgeschrieben.

Siebenter Abschnitt.

Besondere Vorschriften über das Verfahren in Strafsachen.

§ 52.

Der Konsul übt in Strafsachen die Verrichtungen des Amtsrichters und des Vorsitzenden der Strafkammer aus.

Die Bestimmung des § 52 soll den Konsul insbesondere zur Vornahme der im vorbereitenden Verfahren erforderlichen gerichtlichen Untersuchungshandlungen (StPO. §§ 160, 163, 164) und zur Tätigkeit des Vorsitzenden der Strafkammer außerhalb der Hauptverhandlungen (vgl. § 11 Abs. 2 KGG.) ermächtigen.

Weitere Bestimmungen über die Tätigkeit des Konsuls im Strafverfahren geben die folgenden Paragraphen dieses Abschnittes.

Daß der Konsul Vorsitzender des Konsulargerichts ist, besagt schon § 8 Abs. 1. Über seine Befugnis, Strafbefehle zu erlassen und in den Fällen des § 211 Abs. 2 StPO. ohne Beisitzer zu entscheiden, s. Anm. 2 zu § 7. Über Rechtshilfeleistung vgl. § 18, über den Konsul als Vergleichsbehörde im Sinne des § 124 StPO. vgl. Nr. 2 der Dienstanweisung zum § 23.

§ 53.

Die Zustellungen, die Ladungen, die Vollstreckung von Beschlüssen und Verfügungen sowie die Strafvollstreckung werden durch den Konsul veranlaßt.

Dienstanweisung zum § 53.

Die von Amts wegen angeordneten Zustellungen in Strafsachen an Beschuldigte, die sich nicht auf freiem Fuße befinden, können durch den Gerichtsschreiber vorgenommen werden.

Für das Verfahren in Strafsachen und für das Verfahren bei der Strafvollstreckung bedarf es zum Nachweise der Zustellung nicht:

1. der Übergabe einer Abschrift der Zustellungsurkunde an den Empfänger;
2. der Bezeichnung des Auftraggebers in der Zustellungsurkunde.

1. Für die Vorschriften der Strafprozeßordnung über die Tätigkeit der Staatsanwaltschaft, deren Mitwirkung gemäß § 15 KGG. in den vor den Konsul oder das Konsulargericht gehörenden Sachen nicht stattfindet, bildet zusammen mit weiteren Bestimmungen des siebenten Abschnittes dieser Paragraph einen Ersatz: nach ihm werden Zustellungen, Ladungen und Vollstreckungen, die im inländischen Verfahren von der Staatsanwaltschaft vorgenommen werden (StPO. §§ 36, 213, 483), durch den Konsul veranlaßt.

2. Die Prozeßordnungen kennen die Vornahme einer

Zustellung durch den Gerichtsschreiber, wie sie neben den regelmäßigen Zustellungsformen der Abs. 1 der Dienstanweisung für die dort bestimmten Fälle gestattet, nicht, sondern nur seine Vermittlung bei Zustellungen.

Der Abs. 2 der Dienstanweisung ändert die Bestimmungen der gemäß StPO. § 37 auch im Strafverfahren geltenden Vorschriften der ZPO. § 190 Abs. 3, § 191 Nr. 2 und Nr. 6 ab. Die Befugnis des Reichskanzlers zu diesen Gesetzesabänderungen gründet sich auf § 23 KGG. und § 39 StPO. Nach letzterem Paragraphen können für das die öffentliche Klage vorbereitende Verfahren, für die Voruntersuchung und für das Verfahren bei der Strafvollstreckung durch Anordnung der Landes-Justizverwaltung einfachere Formen für den Nachweis der Zustellung zugelassen werden. Es gelten deshalb die Vorschriften der Dienstanweisung nur mit der Einschränkung des § 39 StPO., also, da eine Voruntersuchung nach § 57 KGG. nicht stattfindet, nur in dem die öffentliche Klage vorbereitenden Verfahren und im Strafvollstreckungsverfahren.

§ 54.

Im vorbereitenden Verfahren ist die Beeidigung eines Zeugen oder Sachverständigen auch in den im § 65 Abs. 2 der Strafprozeßordnung bezeichneten Fällen zulässig.

Die Vorschriften des § 126 der Strafprozeßordnung finden keine Anwendung.

1. Zu Abs. 1: Die Beeidigung eines Zeugen erfolgt, vorbehaltlich der Bestimmung des § 222 StPO. in der Hauptverhandlung (StPO. § 65 Abs. 1). Im Inland ist sie im vorbereitenden Verfahren nur zulässig, wenn Gefahr im Verzug obwaltet, oder wenn die Beeidigung als Mittel zur Herbeiführung einer wahrheitsgemäßen

Aussage über eine Tatsache erforderlich erscheint, von der die Erhebung der öffentlichen Klage abhängig ist (StPO. § 65 Abs. 3). Nach der Begründung zum Entwurf des früheren Gesetzes (StenB. Bd. IV S. 584) würde eine derartige Regelung in den Konsulargerichtsbezirken zu Unzuträglichkeiten führen, da gerade dort die Fälle, in denen das Erscheinen von Zeugen in der Hauptverhandlung besonders erschwert ist, außerordentlich häufig sind. Deshalb ist die Beeidigung in demselben Umfang zugelassen, in dem sie nach § 65 Abs. 2 StPO. in der Voruntersuchung gestattet ist.

Das jetzige Gesetz hat im Gegensatz zu dem früheren auch die Beeidigung von Sachverständigen im vorbereitenden Verfahren für zulässig erklärt: die Strafprozeßordnung gestattet die Beeidigung eines Sachverständigen vor der Hauptverhandlung nur im Falle des § 222 StPO.

2. Zu Abs. 2: StPO. § 126 ordnet an, daß der vor Erhebung der öffentlichen Klage erlassene Haftbefehl aufzuheben ist, wenn die Staatsanwaltschaft es beantragt, oder wenn nicht binnen einer Woche oder der auf Antrag der Staatsanwaltschaft verlängerten Frist nach Vollstreckung des Haftbefehls die öffentliche Klage erhoben und die Fortdauer der Haft von dem zuständigen Richter angeordnet, auch diese Anordnung zur Kenntnis des Amtsrichters gelangt ist. In den Konsulargerichtsbezirken fällt infolge der durch § 57 bestimmten Nichtanwendbarkeit der auf die Voruntersuchung bezüglichen Vorschriften die Möglichkeit weg, die Haft des Beschuldigten in dem Vorverfahren auf eine bestimmte Zeitdauer zu beschränken (Begr. z. fr. Ges. StenB. Bd. IV S. 584). Die Folge der deswegen ergangenen Bestimmung des Abs. 2 dieses Paragraphen ist, daß auch diejenige Untersuchungshaft, die der Konsul vor einer gemäß § 58 ergehenden Verfügung über die Einleitung des Strafverfahrens anordnet, durch Ablauf einer bestimmten Zeit nicht beendet wird.

§ 55.

Erhält der Konsul von dem Verdacht eines zur Zuständigkeit des Reichsgerichts oder der Schwurgerichte gehörenden Verbrechens Kenntnis, so hat er die zur Strafverfolgung erforderlichen Sicherheitsmaßregeln zu treffen sowie die Untersuchungshandlungen, in Ansehung deren Gefahr im Verzug obwaltet oder die Voraussetzungen des § 65 Abs. 2 der Strafprozeßordnung zutreffen, vorzunehmen und demnächst die Akten der Staatsanwaltschaft bei dem zuständigen deutschen Gericht, in Ermangelung eines solchen dem Ober-Reichsanwalte zu übersenden. Im letzteren Falle wird das zuständige Gericht von dem Reichsgerichte bestimmt.

Dienstanweisung zum § 55.

Wie die Überführung eines verhafteten Beschuldigten in das Inland zu erfolgen hat, ist nach den darüber ergangenen Bestimmungen oder nach den Umständen zu ermessen. In Zweifelsfällen ist die Weisung des Reichskanzlers einzuholen.

Vgl. ferner die bei § 14 abgedruckte Verfügung der Dienstanweisung.

1. Nach § 163 StPO. hat der Amtsrichter, wenn Gefahr im Verzug obwaltet, die erforderlichen Untersuchungshandlungen von Amts wegen vorzunehmen. An seine Stelle tritt in den Konsulargerichtsbezirken laut § 52 KGG. der Konsul. § 55 hebt demnach, wie auch in der Begr. z. fr. Ges. (StenB. Bd. IV S. 584) gesagt wird, eine geltende Gesetzesvorschrift besonders hervor, und zwar für die Fälle der zur Zuständigkeit des Reichsgerichts oder der Schwurgerichte gehörenden Verbrechen

(GVG. § 80, § 136 Nr. 1); es wurde dies wegen der besonderen Wichtigkeit der Verpflichtung des Konsuls gegenüber der Verzögerung, die mit der Führung der Voruntersuchung im Inland in der Regel verbunden sein wird, für ratsam gehalten. Auch in Fällen anderer strafbarer Handlungen ist der Konsul zur Vornahme richterlicher Untersuchungshandlungen im Rahmen der Strafprozeßordnung verpflichtet.

2. Als zuständige deutsche Gerichte, denen die Akten zu übersenden sind, kommen nach § 6 Nr. 4 des Schutzgebietsgesetzes vom 25. Juni 1900 (RGBl. S. 813) und § 7 der Verordnung, betreffend die Rechtsverhältnisse in den deutschen Schutzgebieten vom 9. Nov. 1900 (RGBl. S. 1005) auch die Gerichte in den deutschen Kolonien in Frage.

3. Nur für den Fall der Übersendung von Akten an den Oberreichsanwalt, nicht aber für Fälle der Übersendung an eine andere Staatsanwaltschaft, schreibt die Dienstanweisung Überreichung an den Reichskanzler zur Weitergabe vor.

4. Die spätere Vornahme weiterer richterlicher Untersuchungshandlungen durch den Konsul kann durch Anträge gemäß StPO. § 160, § 183 Satz 2, § 184 Abs. 3 und durch Übertragung der Voruntersuchung gemäß StPO. § 183 Satz 1, § 184 Abs. 2 veranlaßt werden.

5. Zur Dienstanweisung: Bestimmungen über die Überführung eines verhafteten Beschuldigten enthalten § 29 des Konsulatsgesetzes vom 8. Nov. 1867, die allgemeine Dienstinstruktion dazu, das G., betreffend die Verpflichtung der Kauffahrteischiffe zur Mitnahme heimzuschaffender Seeleute, vom 2. Juni 1902 (RGBl. S. 212) und mehrere Anweisungen für besondere Fälle; vgl. über diese Anweisungen König, Konsularwesen S. 296 ff.

6. Aus dem in Anm. 1 zu diesem Paragraph Gesagten ergibt sich, daß der Konsul als Richter und nicht wie in Fällen des § 56 (s. Anm. 1—3 dortselbst) als Staatsanwalt tätig ist.

§ 56.

Gehört die strafbare Handlung zur Zuständigkeit des Konsulargerichts oder des Konsuls, so ist an Stelle der Staatsanwaltschaft der Konsul zum Einschreiten berufen. Er stellt insbesondere die der Staatsanwaltschaft im vorbereitenden Verfahren obliegenden Ermittelungen an.

1. Die Bestimmung des § 15 zwang zu einem Ersatz der heimischen Anklagebehörde. Es wurden deshalb für die konsulargerichtlichen Strafsachen die Verrichtungen der Staatsanwaltschaft im vorbereitenden Verfahren dem Konsul übertragen. Daß dieser insoweit nicht als Richter wie in Fällen des § 55 tätig ist, ist reichsgerichtlich schon früher anerkannt worden (s. unten Anm. 3) und ist nach der jetzigen Fassung des ersten Satzes des § 56 (s. folgende Anm.) zweifellos.

2. Der erste Satz des § 25 des früheren Gesetzes lautete:

„Soweit nach der Strafprozeßordnung die Staatsanwaltschaft wegen einer gerichtlich strafbaren und verfolgbaren Handlung einzuschreiten hat, ist der Konsul hierzu von Amts wegen verpflichtet."

Daß der Gesetzgeber durch die jetzige Fassung die Verpflichtung zum Einschreiten von dem freien Ermessen des Konsuls abhängig machen wollte, ist mangels irgend einer Äußerung für diese Auffassung nicht anzunehmen. Vielmehr muß ebenso wie früher (vgl. Begr. z. fr. Ges., StenB. Bd. IV S. 583) auch jetzt, insbesondere wegen der Worte „an Stelle der Staatsanwaltschaft", der Konsul als in demselben Umfange wie in Deutschland die Staatsanwaltschaft (StPO. § 152 Abs. 2) zum Einschreiten verpflichtet angesehen werden. Andererseits stehen ihm auch die Rechte der Staatsanwaltschaft zu, so daß die öffentlichen Behörden in Deutschland einem auf Grund StPO. § 159 an sie gestellten Verlangen des Konsuls auf Auskunft nachkommen und die inländischen Behörden und Beamten des Polizei- und Sicherheitsdienstes seinem Ersuchen um Ermittelungen genügen müssen. Inwieweit der Konsul eine Behörde des Staates, in dem die Konsulargerichtsbarkeit ausgeübt wird, um Vornahme von Ermittelungen ersuchen kann, und ob eine Behörde dieses Staates unabhängig vom Konsul Ermittelungen anstellen kann, richtet sich nach den Gesetzen dieses Staates und den Vereinbarungen mit ihm.

3. Durch den zweiten Satz wird nur die wichtigste der Verpflichtungen des Konsuls hervorgehoben, wie auch an dem Wort „insbesondere" kenntlich. Er hat auch die sonstigen Verrichtungen der Staatsanwaltschaft auszuführen, und deshalb auch, falls er einem Antrage auf Erhebung der öffentlichen Klage nicht Folge gibt oder die Einstellung des Verfahrens verfügt, gemäß StPO. § 169 den Antragsteller zu bescheiden. Gegen einen solchen Bescheid des die Funktion des Staatsanwalts ausübenden Konsuls steht dem Antragsteller die Beschwerde zu (StPO. § 170). Sie geht, da ein vorgesetzter Beamter der Staatsanwaltschaft nicht vorhanden ist, an das Konsulargericht an Stelle des Oberlandesgerichts als erste Instanz, während für eine weitere Beschwerde gegen den abweisenden Beschluß des Konsulargerichts das Reichsgericht zuständig ist (Beschluß des ersten Strafsenats des RG. vom 29. Juni 1893, RGSt. Bd. 24 S. 220). Der Konsul ist im Falle eines derartigen Beschwerdeverfahrens a. Gr. StPO. § 22 Nr. 4 von der Ausübung des Richteramtes ausgeschlossen. (KGG. § 65 Abs. 1 ist hier nicht anwendbar, weil der Konsul nicht als Richter tätig gewesen ist.)

§ 57.

Eine Voruntersuchung findet nicht statt.

Durch die Bestimmung des § 56, der die der Staatsanwaltschaft behufs Erforschung des Sachverhalts obliegenden Verrichtungen dem Konsul überträgt, und durch die Bestimmung des § 52, nach der er auch die durch den bezeichneten Zweck erforderten richterlichen Untersuchungshandlungen der §§ 160, 163, 164 StPO. vorzunehmen hat, ist das gesamte vorbereitende Verfahren in seiner Hand vereinigt. Unter diesen Umständen bleibt für eine Voruntersuchung (StPO. §§ 176 ff.) kein Bedürfnis mehr. Sie würde, da ihre Führung gleichfalls nur dem Konsul übertragen werden könnte, sachlich von dem vorbereitenden Verfahren sich nicht mehr unterscheiden und müßte umso sicherer zu einer leeren Form werden, als auch für diejenigen die Voruntersuchung und deren Ergebnisse betreffenden Entscheidungen, die nach den Vorschriften der StPO. vom Gericht zu erlassen sind, der Konsul zuständig wäre (Begr. z. fr. Ges. StenB. Bd. IV S. 583).

Das vorbereitende Verfahren in allen vor den Konsul oder das Konsulargericht gehörigen Strafsachen richtet sich deshalb ohne Rücksicht darauf, ob für die Entscheidung der Konsul oder das Konsulargericht mit zwei oder mit vier Beisitzern zuständig ist, nach denselben Bestimmungen, insbesondere nach den durch die Vorschriften dieses Abschnittes allerdings in mehreren Punkten abgeänderten §§ 156—175 StPO.

§ 58.

An die Stelle der öffentlichen Klage tritt in den Fällen, in denen nicht sofort das Hauptverfahren eröffnet wird, die Verfügung des Konsuls über die Einleitung des Strafverfahrens gegen den Beschuldigten. Diese Verfügung hat die dem Angeschuldigten zur Last gelegte Tat unter Hervorhebung ihrer gesetzlichen Merkmale und des anzuwendenden Strafgesetzes zu bezeichnen.

Der Beschluß, durch den das Hauptverfahren eröffnet wird, hat auch die Beweismittel anzugeben.

1. Durch diese Bestimmung sollen Unzuträglichkeiten, die sich aus der Ungleichheit zwischen dem inländischen und dem konsulargerichtlichen Verfahren ergeben könnten, vermieden werden. Im inländischen Verfahren ist nach §§ 151 ff. StPO. die Eröffnung einer gerichtlichen Untersuchung durch die Erhebung einer öffentlichen Klage bedingt, an die sich Rechtsfolgen knüpfen (vgl. z. B. StPO. § 8). Eine solche Klageerhebung findet im konsulargerichtlichen Verfahren nicht statt; nach Empfang der Kenntnis von einer zur Zuständigkeit des Konsulargerichts oder des Konsuls gehörenden strafbaren Handlung beschließt der Konsul über die Eröffnung des Hauptverfahrens entweder sofort — und dann treten hiermit die an die Klageerhebung geknüpften Rechtsfolgen ein — oder nach Anstellung der erforderlichen Ermittelungen (KGG. §§ 15, 56). Für Fälle der letzteren Art, in denen also nicht sofort das Hauptverfahren eröffnet wird, ist eine Verfügung des Konsuls über die Einleitung des Verfahrens gegen den Beschuldigten an die Stelle der Klage gesetzt worden, und in ihnen knüpfen sich schon an diese Verfügung die Rechtsfolgen der Klageerhebung, während sie ohne eine solche erst nach Beendigung des Vorverfahrens mit Erlaß des Eröffnungsbeschlusses eintreten würden.

2. Die Verfügung tritt an die Stelle der öffentlichen Klage, sie ist daher z. B. dem Angeschuldigten nach § 191 StPO. mitzuteilen; sie ist nicht anfechtbar, da auch die Erhebung der öffentlichen Klage nach der

StPO. nicht vom Angeschuldigten angefochten werden kann (Goes, Kommentar Anm. 7 zu § 27).

3. Als Inhalt der Verfügung des Konsuls ist im Gegensatz zur Anklageschrift (StPO. § 198 Abs. 1) die Angabe der Beweismittel und des Gerichts, vor dem die Hauptverhandlung stattfinden soll, nicht vorgeschrieben. Der Beschluß, durch den das Hauptverfahren eröffnet wird, hat aber nach Abs. 2 des § 58 KGG. die Beweismittel und nach § 205 StPO. das Gericht zu bezeichnen.

Während in inländischen, vor den Landgerichten zu verhandelnden Strafsachen die wesentlichen Ergebnisse der stattgehabten Ermittelungen in die Anklageschrift aufzunehmen sind, ist in allen konsulargerichtlichen Sachen weder für die Verfügung über die Einleitung des Strafverfahrens noch für den Eröffnungsbeschluß ihre Aufnahme vorgeschrieben.

§ 59.

Die Vorschrift des § 232 der Strafprozeßordnung findet auch dann Anwendung, wenn nach dem Ermessen des Gerichts die zu erwartende Freiheitsstrafe nicht mehr als sechs Monate beträgt.

Die Bestimmung dieses Paragraphen, die das frühere Gesetz nicht kannte, ist mit Rücksicht auf die großen Entfernungen in den Konsulargerichtsbezirken aus dem Gesetz vom 15. März 1888 wegen Abänderung des Gesetzes, betreffend die Rechtsverhältnisse der deutschen Schutzgebiete vom 17. April 1886 (RGBl. 1888 S. 75), übernommen worden. Der Abs. 1 des im übrigen unveränderten § 232 StPO. lautet demnach jetzt für die Konsulargerichtsbezirke:

„Der Angeklagte kann auf seinen Antrag wegen großer Entfernung seines Aufenthaltsortes von der Verpflichtung zum Erscheinen in der Hauptverhandlung entbunden werden, wenn nach dem Ermessen des Gerichts voraussichtlich keine andere Strafe als Freiheitsstrafe bis zu 6 Monaten oder Geldstrafe oder Einziehung, allein oder in Verbindung miteinander, zu erwarten steht."

Über die Anwesenheit des Angeklagten in der Hauptverhandlung vor dem Berufungsgericht § 69.

§ 60.

Den Umfang der Beweisaufnahme bestimmt das Gericht, ohne hierbei durch Anträge, Verzichte oder frühere Beschlüsse gebunden zu sein.

Dieser Paragraph gibt entgegen der Regel des Absatzes 1 des § 244 StPO. dem Gericht in allen Fällen die Befugnis, den Umfang der Beweisaufnahme zu bestimmen, während es im inländischen Verfahren eine solche Befugnis nur ausnahmsweise hat, und zwar nach Abs. 2 § 244 StPO. nur in den Verhandlungen vor den Schöffengerichten und vor den Landgerichten in der Berufungsinstanz, sofern die Verhandlung vor letzterem eine Übertretung betrifft oder auf erhobene Privatklage erfolgt. Aber auch im konsulargerichtlichen Verfahren gilt die Bestimmung des § 60 als Regel nur für die erste Instanz, nicht für das Reichsgericht, wie sich aus der Stellung dieses Paragraphen im Gesetze und seiner Begründung ergibt. Nach der Begründung würde die Verpflichtung zur Erstreckung der Beweisaufnahme auf die sämtlichen vorgeladenen Zeugen und Sachverständigen, sowie auf die anderen herbeigeschafften Beweismittel voraussichtlich in den Konsulargerichtsbezirken nicht selten Anlaß zur Erschwerung und Verzögerung des Verfahrens geben, und es würde sich ferner aus praktischen Gründen nicht empfehlen, in betreff des notwendigen Umfanges der Beweisaufnahme verschiedenartige Vorschriften maßgebend sein zu lassen, je nachdem die Sache in die Zuständigkeit der Schöffengerichte oder der Strafkammern fallen würde (Begr. z. fr. Ges. StenB. Bd. IV S. 584).

Die Vorschriften der Strafprozeßordnung über die Beweiswürdigung usw. gelten unverändert auch für die erste Instanz.

§ 61.

In das Protokoll über die Hauptverhandlung sind die wesentlichen Ergebnisse der Vernehmungen aufzunehmen.

Die Bestimmung des § 372 Abs. 2 StPO., die sich nur auf das Protokoll über die Hauptverhandlungen vor den Schöffengerichten bezieht, wird hier auf alle Hauptverhandlungen der ersten Instanz (s. unten) ausgedehnt. Hierzu wird die Reichstagskommission, die diese Vorschrift in den Entwurf des fr. Ges. einfügte, bewogen worden sein durch die Erwägung, daß sich, wie in betreff des Umfanges der Beweisaufnahme (s. Anmerkung zum vorigen Paragraphen) auch in betreff des Protokolls nicht empfiehlt, verschiedenartige Vorschriften maßgebend sein zu lassen, je nachdem die Sache in die Zuständigkeit der Schöffengerichte oder der Strafkammern fallen würde. Insbesondere aber wird die Kommission durch die von ihr bewirkte Einführung der Berufung an Stelle der im Regierungsentwurf vorgeschlagenen Revision (vgl. Anm. 6 zu § 63) zu der Einfügung veranlaßt worden sein.

Es ist auch hier wie bei § 60 anzunehmen, daß sich die Bestimmung nicht auf das Verfahren vor dem Reichsgericht bezieht.

§ 62.

In den Fällen der §§ 45, 449 der Strafprozeßordnung beträgt die Frist zwei Wochen.

StPO. § 45 bestimmt die Frist für ein Gesuch um Wiedereinsetzung in den vorigen Stand, StPO. § 449 die für den Einspruch gegen einen Strafbefehl. Die Verlängerung dieser Fristen von einer auf zwei Wochen erschien durch die räumliche Ausdehnung der Konsulargerichtsbezirke und durch die Unzulänglichkeit der in denselben vorhandenen Postverbindungen geboten.

§ 63.

Gegen die wegen Übertretungen erlassenen Entscheidungen ist, sofern eine Verurteilung auf Grund des § 361 Nr. 3 bis 8 des Strafgesetzbuchs erfolgt oder nur auf Geldstrafe oder auf Geldstrafe und Einziehung erkannt wird, ein Rechtsmittel nicht zulässig.

Im übrigen findet in Strafsachen gegen die Urteile des Konsulargerichts das Rechtsmittel der Berufung statt.

1. Das frühere Gesetz erklärte im § 33 Rechtsmittel gegen alle wegen Übertretungen erlassenen Entscheidungen für nicht zulässig. Es war dies wie folgt begründet worden: die Weiterungen, die in den Konsulargerichtsbezirken notwendig mit jedem Rechtsmittel verbunden seien, ständen bei den Übertretungen zu der Geringfügigkeit der Strafe in keinem entsprechenden Verhältnis und würden häufig die Wirksamkeit der Strafe, die zu einem großen Teil von der schleunigen Vollstreckung abhänge, vereiteln. (Begr. z. fr. Ges. StenB. Bd. IV S. 585). 1900 wurde in der Reichstagskommission vorgeschlagen, die in den Regierungsentwurf wieder aufgenommene Bestimmung zu streichen oder wenigstens einzuschränken mit folgenden Ausführungen: es liege in ihr

eine erhebliche Verkümmerung der Rechte des Angeklagten, die um so schwerer in das Gewicht falle, als man gleichzeitig, wie aus § 65 hervorgehe, eine Erweiterung der Rechte des Konsuls als Vorsitzenden des Gerichts vornehmen wolle; die Entscheidung des Gerichts, welches über eine Übertretung aburteile, berühre oft erhebliche materielle Interessen, sei auch imstande, die Ehre und das Ansehen des Angeklagten zu schädigen; dieser müsse wünschen, eine Möglichkeit zu besitzen, daß seine Sache einer nochmaligen Prüfung unterzogen werde; das Urteil könne auch auf Haft lauten und dann sei die Zulassung der Berufung um so mehr gerechtfertigt, denn die Haftstrafe sei immerhin eine Freiheitsstrafe, und wenn ein zu einer Woche Gefängnis Verurteilter Berufung einzulegen berechtigt sein sollte, so müßte dies auch derjenige können, der zu einer Haftstrafe verurteilt worden sei, die unter Umständen bis auf 6 Wochen bemessen werden könnte; ein törichter Gebrauch würde von der Masse der Angeklagten nicht gemacht werden, allein die Rechtsprechung könne irren und eine Strafe wegen einer Übertretung und insbesondere eine Haftstrafe auch einmal eine sonst ganz achtbare Persönlichkeit treffen.

Es wurde diesen Ausführungen von den Regierungsvertretern widersprochen unter Hinweis darauf, daß die Berufung an das Reichsgericht gehe und man doch nicht dieses an und für sich schon stark in Anspruch genommene Gericht auch noch mit solchen Übertretungen befassen sollte; man verursache dem Angeklagten erhebliche Kosten, verlängere in unverhältnismäßiger Weise das schwebende Strafverfahren; denn bis das Reichsgericht Entscheidungen zu treffen in der Lage sei, werde lange Zeit vergehen; dadurch würde unter Umständen die Folge gezeitigt, daß ein Angeklagter, der vielleicht schließlich wenige Wochen Haft erhalte, dessen Straftat aber zu denjenigen Übertretungen gehöre, bezüglich welcher auch eine Untersuchungshaft verhängt werden dürfe, gar bis zu einem halben Jahr in Untersuchungshaft gehalten werde; bei dem Mangel an Anstalten, welche benutzt werden könnten, aus Rücksicht auf den Umstand, daß man darauf angewiesen sei, solche Freiheitsentziehungen meist durch Ersuchen in Anstalten fremder Staaten zu bewirken, werde die Strafrechtspflege eine wesentliche Verteuerung erfahren; es stehe außerdem zu befürchten, daß Strolche und Stromer lediglich in der Absicht, sich ein Unterkommen auf längere Zeit zu sichern, Berufung gegen ihre Verurteilung einlegen würden.

Von mehreren Abänderungsvorschlägen gelangte in der zweiten Lesung der Kommission der die jetzige Fassung bringende zur Annahme (Bericht der Reichstagskommission S. 13 f., 16 f.).

2. Auf Grund des § 361 Nr. 3—8 StGB. ist nur Verurteilung auf Haft, nicht auf Geldstrafe zulässig.

Die Festsetzung einer Haftstrafe für den Fall der Uneinziehbarkeit einer Geldstrafe (StGB. § 28) hat auf die Frage der Zulässigkeit eines Rechtsmittels keine Einwirkung.

Um erkennen zu können, inwieweit ein wegen mehrerer strafbarer Handlungen ergangenes Urteil anfechtbar ist, ist in Fällen des § 77 Abs. 2 und § 78 StGB. im Urteil auszusprechen, auf welche Strafe für jede einzelne Handlung erkannt wurde.

Die Bestimmung des Abs. 1 ist anwendbar, sowohl wenn die Entscheidung vom Konsul, als auch wenn sie vom Konsulargericht erlassen ist (vgl. unten Anm. 7).

3. Liegt ein Fall des Abs. 1 vor, so ist weder Berufung noch Beschwerde zulässig. Brauer, Justizgesetze S. 110, ist der Ansicht, daß das Beschwerderecht bestehen bleibe, soweit es nach allgemeinem Rechte gegeben sei; nur die Revision und die Berufung solle ausgeschlossen werden. Dagegen spricht aber der Wortlaut des Gesetzes, das Rechtsmittel gegen E n t s c h e i d u n g e n ausschließt;

Entscheidungen sind aber nach dem Sprachgebrauch der Reichsjustizgesetze, der, wie sich z. B. aus Abs. 2 dieses Paragraphen und den beiden folgenden Paragraphen ergibt, auch in diesem Gesetze eingehalten ist, Urteile, Beschlüsse und Verfügungen. Die Unrichtigkeit der Ansicht Brauer's ergibt sich auch aus der Begründung des früheren Gesetzes, die nach den oben in Anm. 1 angeführten Worten fortfährt: „Übrigens führt diese Erwägung dahin, in den bezeichneten Strafsachen nicht blos den Urteilen, sondern auch den sonstigen Entscheidungen der Konsuln gegenüber jedes Rechtsmittel auszuschließen, wie geschehen".

4. Einspruch gegen einen Strafbefehl ist immer zulässig, da der Einspruch kein Rechtsmittel ist. Ob gegen das nach erhobenem Einspruch in der Hauptverhandlung ergehende Urteil ein Rechtsmittel zulässig ist, richtet sich nach Abs. 1 dieses Paragraphen.

Für die Wiederaufnahme eines durch rechtskräftiges Urteil geschlossenen Verfahrens gilt dasselbe wie für den Einspruch.

5. Wird in Fällen des § 63 Abs. 1 Berufung eingelegt, so ist der Konsul zur Übersendung der Akten an den Oberreichsanwalt (§§ 361 f. StPO.) verpflichtet; eine Verwerfung des Rechtsmittels als unzulässig steht ihm nach § 360 StPO. nur zu, wenn die Berufung verspätet eingelegt wird. Dagegen kann das Reichsgericht gemäß § 363 StPO. die Berufung durch Beschluß als unzulässig verwerfen, so daß dann, da eine Beschwerde gegen diesen reichsgerichtlichen Beschluß unmöglich ist, die Sache ohne Hauptverhandlung in zweiter Instanz beendet ist.

Wenn in Fällen des § 63 Abs. 1 Beschwerde eingelegt wird, so ist sie durch das Konsulargericht (§ 10 Nr. 2) oder das Reichsgericht (§ 14 Nr. 2) zurückzuweisen.

6. Absatz 2. Der Entwurf des früheren Gesetzes wollte die Revision einführen, da wegen des Grundsatzes der Mündlichkeit auch für das Berufungsverfahren und der notwendigen neuen Verhandlung vor dem Berufungsgericht die Möglichkeit, das Rechtsmittel der Berufung für die zur Zuständigkeit der Konsulargerichte gehörigen Strafsachen zuzulassen, verneint werden müsse (Begr. z. fr. Ges. StenB. Bd. IV S. 585). Die Reichstagskommission beschloß aber in allen Fällen, in denen es überhaupt ein Rechtsmittel gegen ein Urteil gibt, nicht die Revision, sondern die Berufung und schob zur Vereinfachung des Verfahrens den jetzigen § 68 ein. In konsulargerichtlichen Sachen findet deshalb auch dort Berufung statt, wo im inländischen Verfahren nach StPO. § 374 die Revision stattfindet.

7. Nach dem Wortlaut des zweiten Absatzes findet Berufung nur gegen die Urteile des Konsular**gerichts** statt, nicht gegen die des Konsuls. Letzterer kann aber gemäß StPO. § 211 Abs. 2 (s. Anm. 2 zu § 7) auch Entscheidungen erlassen, die auf Grund anderer Paragraphen als des § 361 Nr. 3—8 StGB. verurteilen und auf andere Strafen als nur auf Geldstrafe oder auf Geldstrafe und Einziehung gehen. Unrichtig ist es aber, dem Wortlaut entnehmen zu wollen, daß die Urteile des Konsuls nie durch Berufung anfechtbar sind: es findet vielmehr der letzte Satz des § 211 StPO. Anwendung; gegen die Urteile des Konsuls finden also dieselben Rechtsmittel statt, wie gegen die des Konsulargerichts.

8. Über die Zulässigkeit der Beschwerde in den nicht unter die Bestimmung des ersten Absatzes dieses Paragraphen fallenden Strafsachen entscheidet die Strafprozeßordnung, da eine besondere Bestimmung für die Konsulargerichtsbezirke fehlt (vgl. Anm. 2 zu § 14).

§ 64.

Auf Beschwerden gegen Entscheidungen des Konsuls findet die Vorschrift des § 23 Abs. 1 der Strafprozeßordnung keine Anwendung.

In den Fällen des § 353 der Strafprozeßordnung ist der Konsul zur Abänderung seiner durch Beschwerde angefochtenen Entscheidung befugt.

1. Absatz 1. Der Konsul, der eine durch eine Beschwerde angefochtene Entscheidung erlassen hat, ist nicht kraft Gesetzes ausgeschlossen von der Mitwirkung bei der Entscheidung in der Beschwerdeinstanz, er kann also bei ihr als Vorsitzender des Konsulargerichts (§ 8 Abs. 1, § 10 Nr. 2) mitwirken. In dieser Bestimmung sieht Caleb, Konsulargerichtsbarkeit in Bulgarien, Inaug. Diss., Straßburg 1903, S. 102, einen der hauptsächlichsten Mängel des deutschen Konsulargerichtsprozesses, da es unnatürlich sei, vom Richter eine Abänderung der auf fester Überzeugung beruhenden Entscheidung zu verlangen, hierin ein Verstoß gegen Grundprinzipien einer gerechten und unparteiischen Rechtsprechung liege. Allerdings werden meistens der Konsul, der gemäß Abs. 2 dieses Paragraphen und § 340 Abs. 2 StPO. in allen strafprozessualen Beschwerdefällen zur Abänderung seiner Entscheidung befugt ist, in der Beschwerdeinstanz gegen die Abänderung seiner Entscheidung und die Beisitzer auf seine Rechtsbelehrung angewiesen sein. Über die Gründe, die zur Bestimmung dieses Paragraphen führten vgl. Anm. 3 zu § 10, über die Fälle, in denen eine weitere Bescherde zulässig ist, Anm. 2 zu § 14.

2. Statthaft ist es, den Konsul wegen Befangenheit abzulehnen; aber die Tatsache allein, daß er die durch Beschwerde angefochtene Entscheidung gefällt hat, genügt zur Begründung des Ablehnungsgesuchs nicht, da durch die gesetzliche Bestimmung gerade die Vereinbarkeit der richterlichen Amtshandlungen in erster und zweiter Instanz ausgesprochen werden soll. Es bedarf deshalb zur Begründung der Besorgnis, der Konsul sei befangen, der Ausführung, daß aus der Art und Weise der vorausgegangenen Amtsausübung oder aus sonstigen Umständen

ein Mißtrauen sich rechtfertige. (Urteil des II. Straffenats des Reichsgericht v. 6. Juni 1882, Rechtsprechung des deutschen Reichsgerichts in Strafsachen Bd. 4 S. 527.)

3. Ein Konsul, der einen Strafbefehl erlassen hat, kann als Vorsitzender des Gerichts in der auf erhobenen Einspruch stattfindenden Hauptverhandlung mitwirken, da auch im inländischen Verfahren in solchen Fällen ein Richter nicht kraft Gesetzes ausgeschlossen ist.

4. Durch Absatz 2 wird der Konsul, der zur Abänderung seiner Entscheidung in den Fällen der einfachen Beschwerde nach § 348 Abs. 2 StPO. berechtigt ist, hierzu auch in den Fällen der sofortigen Beschwerde befugt (vgl. §§ 44, 48 KGG.). Dem Konsulargericht wird eine solche Befugnis nicht gegeben.

Über die Frist für Einlegung der sofortigen Beschwerde § 66.

§ 65.

Die der Staatsanwaltschaft zustehenden Rechtsmittel können gegen die Entscheidungen des Konsulargerichts von dem Konsul eingelegt werden.

1. Diese Bestimmung kannte das frühere Gesetz nicht. Es konnten deshalb früher, da auch damals eine Mitwirkung der Staatsanwaltschaft im Strafverfahren nicht stattfand, Rechtsmittel in der Regel nur zu Gunsten des Beschuldigten eingelegt werden, nämlich von ihm selbst oder seinem Verteidiger, von dem gesetzlichen Vertreter eines Beschuldigten oder dem Ehemann einer beschuldigten Frau (§§ 338—340 StPO.), zu Ungunsten des Beschuldigten aber nur vom Privatkläger oder vom Nebenkläger (§§ 430, 441 StPO.). Da sich aus dem Fehlen des staatlichen Anfechtungsrechtes, namentlich bei Überstimmung des Konsuls durch die Beisitzer Unzuträglichkeiten ergeben hatten (Begründung S. 31), wurde es

dem Konsul, der auch sonst die Verrichtungen der Staatsanwaltschaft wahrzunehmen hat (§§ 53, 56, 58 KGG.), übertragen.

2. Der Konsul kann ebenso wie die Staatsanwaltschaft (§ 338 Abs. 2 StPO.) von den Rechtsmitteln auch zu Gunsten des Beschuldigten Gebrauch machen und jedes von ihm eingelegte Rechtsmittel hat die Wirkung, daß die angefochtene Entscheidung auch zu Gunsten des Beschuldigten abgeändert oder aufgehoben werden kann.

3. Vgl. § 70.

§ 66.

In den Fällen der §§ 353, 355, 358, 360 der Strafprozeßordnung beträgt die Frist zwei Wochen.

Aus denselben Gründen, die zur Bestimmung des § 62 führten (vgl. Anm. dortselbst), ist für die Einlegung der sofortigen Beschwerde, die Berufungseinlegung, die Berufungsrechtfertigung und den Antrag auf Entscheidung des Berufungsgerichts, falls das Gericht erster Instanz die Berufung wegen verspäteter Einlegung als unzulässig verworfen hat, die Frist von einer auf zwei Wochen verlängert.

§ 67.

Die Frist zur Anfechtung einer Entscheidung beginnt für den Nebenkläger im Falle des § 439 der Strafprozeßordnung mit der Bekanntmachung der Entscheidung an den Beschuldigten.

1. Nach § 439 Abs. 2 StPO. steht dem Nebenkläger die Anfechtung von Entscheidungen, die schon vor seinem Anschluß ergangen und der Staatsanwaltschaft bekannt gemacht worden sind, nicht mehr zu, wenn für die Staatsanwaltschaft die Frist zur Anfechtung abgelaufen

ist. Da im konsulargerichtlichen Verfahren eine Mitwirkung der Staatsanwaltschaft nicht stattfindet (§ 15 KGG.), mußte der Zeitpunkt, bis zu dem von dem Nebenkläger eine vor dem Anschlusse ergangene Entscheidung angefochten werden kann, in anderer Weise bestimmt werden. Die Zulässigkeit der Anfechtung ist deshalb in § 67 davon abhängig gemacht, daß dem Gegner die Frist noch läuft.

2. Über die Dauer von Fristen vgl. § 66.

§ 68.

Der Konsul kann Zeugen und Sachverständige, die zur Rechtfertigung der Berufung benannt sind, vernehmen und beeidigen, wenn die Voraussetzungen des § 65 Abs. 2 der Strafprozeßordnung vorliegen. Die Protokolle über die Vernehmungen sind dem Ober-Reichsanwalte zu übersenden. Die Vorschriften des § 223 und des § 250 Abs. 2 der Strafprozeßordnung finden entsprechende Anwendung.

Vgl. **Dienstanweisung** bei § 14.

1. Dieser und der folgende Paragraph ist von der Reichstagskommission in den Entwurf des früheren Gesetzes eingefügt worden (vgl. Anm. 6 zu § 63).

2. Die Strafprozeßordnung kennt zwischen den Hauptverhandlungen der ersten und zweiten Instanz ein Beweisaufnahmeverfahren nur auf Anordnung des Berufungsgerichts (§§ 364, 222 ff. StPO.). Dieses Verfahren der Strafprozeßordnung kann auch in konsulargerichtlichen Sachen stattfinden.

Außerdem aber kann in ihnen der Konsul ohne Anordnung des Reichsgerichts gemäß der Bestimmung des § 68 Beweise aufnehmen.

3. Dieses letztere Beweisaufnahmeverfahren erfordert das Vorliegen der Voraussetzungen des § 65 Abs. 2 StPO. und eine Benennung der Zeugen und Sachverständigen. Sie kann bei der Berufungseinlegung (§ 355 StPO.) oder bei der keinen notwendigen Bestandteil des Verfahrens bildenden Rechtfertigung der Berufung (§ 358 StPO.) oder, da eine gegenteilige Bestimmung fehlt, auch nach Ablauf der durch § 66 verlängerten Fristen für die Berufungseinlegung und Rechtfertigung erfolgen, auch wenn im letzteren Falle die Akten gemäß §§ 361 f. StPO. schon dem Oberreichsanwalte übersandt sind.

Auch der zur Einlegung von Rechtsmitteln durch § 65 befugte Konsul muß als berechtigt zu solcher Benennung von Zeugen und Sachverständigen angesehen werden.

4. Es ist in das Ermessen des Konsuls gestellt, ob er die Beweise aufnehmen will oder nicht. Er muß seine, einen Antrag ablehnende Entscheidung, gegen die nach §§ 346 ff. StPO. Beschwerde zulässig ist, gemäß § 34 StPO. begründen.

§ 69.

Der Angeklagte kann in der Hauptverhandlung vor dem Berufungsgericht erscheinen oder sich durch einen mit schriftlicher Vollmacht versehenen Verteidiger vertreten lassen.

Der nicht auf freiem Fuße befindliche Angeklagte hat keinen Anspruch auf Anwesenheit.

Soweit der Angeklagte die Berufung eingelegt hat, ist über diese auch dann zu verhandeln, wenn weder der Angeklagte noch ein Vertreter für ihn erschienen ist.

1. Vgl. Anm. 1 zu § 68.

2. Nach § 229 StPO. findet in der Regel eine Hauptverhandlung gegen einen ausgebliebenen Angeklagten nicht statt. Nur insoweit die Hauptverhandlung ohne seine Anwesenheit stattfinden kann, ist er befugt, sich durch einen Verteidiger vertreten zu lassen (§ 233 StPO.). Diese Bestimmungen gelten nach § 373 StPO. auch für die Hauptverhandlung vor dem Berufungsgerichte.

In allen Fällen des konsulargerichtlichen Berufungsverfahrens wird es aber durch § 69 Abs. 1 KGG. dem Angeklagten freigestellt, nicht in der Hauptverhandlung zu erscheinen und sich durch einen Verteidiger vertreten zu lassen.

Die vom Konsul gemäß § 17 zugelassenen Rechtsanwälte können zu Verteidigern gewählt werden (§ 138 Abs. 1 StPO.).

3. Nach Abs. 2 hat der nicht auf freiem Fuße befindliche Angeklagte keinen Anspruch auf Anwesenheit in der Hauptverhandlung vor dem Berufungsgerichte und zwar, da nicht eine dem Abs. 2 des § 223 StPO. entsprechende Fassung gewählt wurde, auch nicht, wenn er in Deutschland in Haft sein sollte, während im inländischen Verfahren die Vorführung eines nicht auf freiem Fuße befindlichen Angeklagten, der nicht auf Anwesenheit in der Hauptverhandlung verzichtet hat, erfolgen muß.

4. Abs. 3 ändert § 370 StPO. ab, falls und soweit der Angeklagte Berufung eingelegt hat. Doch gelten die in der StPO. für Fälle der Berufungseinlegung durch die Staatsanwaltschaft getroffenen Bestimmungen, soweit der Konsul auf Grund § 65 KGG. Berufung eingelegt hat: es ist demnach dann bei unentschuldigtem Ausbleiben des Angeklagten und Fehlen eines Vertreters für ihn über die Berufung zu verhandeln oder die Vorführung oder Verhaftung des Angeklagten anzuordnen.

Aus der Befugnis des Gerichts in diesen letzteren Fällen, das persönliche Erscheinen des Angeklagten zu erzwingen, ist zu folgern, daß durch § 69 Abs. 3 der § 235 StPO. nicht berührt werden sollte. (Derselben Ansicht ist Goes, Kommentar Anm. 5 zu § 40.)

Unberührt bleiben ferner die Vorschriften des § 431 Abs. 2 StPO. für die Fälle der Privatklage.

§ 70.

Die Wiederaufnahme eines durch rechtskräftiges Urteil geschlossenen Verfahrens kann von Amts wegen erfolgen.

Im Inlande sind zu dem Antrage auf Wiederaufnahme des Verfahrens außer den im § 401 Abs. 2 StPO. bezeichneten im Falle des Todes des Verurteilten Berechtigten diejenigen Personen befugt, die Rechtsmittel einlegen können (§ 405 StPO.), also gemäß § 338 StPO. auch die Staatsanwaltschaft. Bei dem Fehlen einer Mitwirkung der Staatsanwaltschaft in den Konsulargerichtsbezirken würde ohne die Bestimmung des § 70 KGG. eine Wiederaufnahme zu Ungunsten des Angeklagten ausgeschlossen sein.

Die Wiederaufnahme von Amts wegen kann zu Gunsten oder zu Ungunsten des Angeklagten erfolgen. Der Konsul beschließt über sie ohne Zuziehung von Beisitzern (§ 407 Abs. 2 StPO., § 11 Abs. 2 KGG.).

§ 71.

Das Gesetz, betreffend die Entschädigung der im Wiederaufnahmeverfahren freigesprochenen Personen vom 20. Mai 1898 (Reichs-Gesetzbl. S. 345) findet mit folgenden Maßgaben Anwendung.

An die Stelle der Staatsanwaltschaft des Landgerichts tritt der Konsul. Die im § 5 Abs. 3 vorgesehene Ausschlußfrist beträgt sechs Monate. Für die Ansprüche auf Entschädigung ist das Reichsgericht in erster und letzter Instanz zuständig.

1. Aus den übrigen Bestimmungen des KGG. ergeben sich weitere Maßgaben für die Anwendung des G. vom 20. Mai 1898. Es treten nämlich nach § 24 KGG. an die Stelle der Kasse eines Bundesstaates die Reichskasse und nach § 23 Abs. 3 KGG. an die Stelle der obersten Behörde der Landesjustizverwaltung der Reichskanzler.

2. Über die Besetzung des Reichsgerichts s. Anm. 4 zu § 14.

3. § 11 des G., betr. die Entschädigung für unschuldig erlittene Untersuchungshaft vom 14. Juli 1904 (RGBl. S. 321) lautet:

„In den zur Zuständigkeit der Konsulargerichte gehörigen Sachen findet dieses Gesetz mit folgenden Maßgaben Anwendung:

An die Stelle der Staatsanwaltschaft des Landgerichts tritt der Konsul. Für die Ansprüche auf Entschädigung ist das Reichsgericht in erster und letzter Instanz zuständig."

§ 72.

In Strafsachen, in denen der Konsul oder das Konsulargericht in erster Instanz erkannt hat, steht das Begnadigungsrecht dem Kaiser zu.

Da die Konsulargerichtsbarkeit dem Reiche zusteht, so kann auch das Begnadigungsrecht in den dieser Gerichtsbarkeit unterliegenden Straffällen nur auf das

Reich zurückgeführt werden. Im Anschluß an § 484 StPO. ist daher die Ausübung dieses Rechts in Strafsachen, in denen der Konsul oder das Konsulargericht in erster Instanz erkannt hat, dem Kaiser übertragen (Begr. z. fr. Ges. StenB. Bd. IV S. 586).

Der Kaiser kann das Begnadigungsrecht ausüben ohne Unterschied, ob die erste oder die zweite Instanz das Urteil erlassen hat, sofern nur der Konsul oder das Konsulargericht in erster Instanz erkannt hat (Bericht der Reichstagskommission S. 14).

Aus dem Wortlaut dieses Paragraphen ergibt sich, daß nur ein Begnadigungsrecht im engeren Sinne dem Kaiser gegeben ist, nicht aber ein Abolitionsrecht d. h. ein Recht auf Niederschlagung der Untersuchung (Löwe, Kommentar zur Strafprozeßordnung, 1904, Anm. 11 zu Titel 2 GVG.).

Achter Abschnitt.

Besondere Vorschriften über die Kosten.

§ 73.

Die Gebühren der Gerichte und der Gerichtsvollzieher in den Konsulargerichtsbezirken werden im doppelten Betrage der Sätze erhoben, die in den nach § 19 maßgebenden Vorschriften bestimmt sind.

Die Gebühr für eine Zustellung in den Konsulargerichtsbezirken nach den Vorschriften über Zustellungen im Auslande beträgt drei Mark.

Die den Gerichtsbeamten und Gerichtsvollziehern zustehenden Tagegelder und Reisekosten werden,

soweit es sich um Konsularbeamte handelt, nach Maßgabe der für diese geltenden Vorschriften erhoben.

Dienstanweisung zum § 73.

Für die Gebühren der Gerichte und Gerichtsvollzieher kommen die im Inlande geltenden Vorschriften mit der Maßgabe zur Anwendung, daß, soweit es sich nicht um die bei dem Reichsgericht entstandenen Gebühren handelt, die doppelten Beträge erhoben werden, und daß für Zustellungen die im § 73 Abs. 2 bestimmte Gebühr anzusetzen ist. Ein Zurückgreifen auf die Sätze des Tarifs vom 1. Juli 1872 (Reichs-Gesetzbl. S. 245) ist daher in allen gerichtlichen Angelegenheiten ausgeschlossen.

Soweit gebührenpflichtige Geschäfte von besoldeten Beamten der Konsulate vorgenommen werden, sind die Gebühren zur Reichskasse einzuziehen. Diese Vorschrift gilt auch für die Gerichtsvollziehergebühren.

In allen anderen Fällen hat der Beamte die Gebühren für sich zu erheben.

In den Rechtssachen, die aus den Konsulargerichtsbezirken an das Reichsgericht gelangen, findet die Dienstanweisung, betreffend die Einziehung und Verrechnung der für die Geschäfte des Reichsgerichts in Ansatz kommenden Kosten, vom 21. Juni 1879 (Zentralblatt 1879 S. 473, 1887 S. 309), mit der Maßgabe Anwendung, daß die Kostenrechnungen (§ 2 der Dienstanweisung) von dem Reichsgerichte dem Auswärtigen Amte vorzulegen sind, das die Einziehung der Kosten durch den Konsul und die Übersendung des eingegangenen Betrags an die Oberpostkasse in Leipzig bewirken wird. Die Niederschlagung dieser Kosten ist im Falle der Uneinziehbarkeit von dem Konsul zu verfügen; dieser hat über die Niederschlagung zu berichten und dabei den Grund der Uneinziehbarkeit anzugeben.

1. Die inländischen Gebühren der Gerichte und Gerichtsvollzieher, die festgesetzt sind im Gerichtskostengesetz (RGBl. 1899 S. 659), in der Gebührenordnung für Gerichtsvollzieher (RGBl. 1899 S. 683), im preußischen Gerichtskostengesetz (GS. 1899 S. 326), im preußischen Gesetz, enthaltend die landesgesetzlichen Vorschriften über die Gebühren der Rechtsanwälte und der Gerichtsvollzieher (GS. 1899 S. 381) sind in den Konsulargerichtsbezirken auf das Doppelte erhöht mit Rücksicht auf den geringeren Wert des Geldes in den in Betracht kommenden Ländern und mit Rücksicht darauf, daß ohne eine solche Erhöhung in den Konsulargerichtsbezirken verschiedene Akte der freiwilligen Gerichtsbarkeit zu erheblich niedrigeren Sätzen vorgenommen werden müßten als die entsprechenden in dem Konsulatsgebührentarif vom 1. Juli 1872 (RGBl. S. 245) aufgeführten Amtsgeschäfte, für die der Konsul auf Grund des Konsulatsgesetzes zuständig ist (Begründung S. 31).

2. Die Bestimmung des Abs. 1 trifft nur die Gebühren und deshalb nicht die für Schreibereien zu zahlenden Beträge, die zu den Auslagen gehören.

Sie trifft ferner nicht die bei dem RG. in konsulargerichtlichen Sachen erwachsenden Gebühren (vgl. Bericht S. 15 und die Dienstanweisung). Bei Berechnung der Gebühren des RG. ist zu berücksichtigen, daß es Berufungsgericht und nicht Revisionsgericht ist (vgl. GKG. § 49, § 65 Abs. 2).

3. Der Abs. 2 setzt die Gebühr für eine Zustellung in den Konsulargerichtsbezirken nach den Vorschriften über Zustellungen im Auslande, die nach Nr. 7 des Konsulatsgebührentarifs 7,50 Mark betragen würde, auf 3 Mark herab.

Bei der Berechnung einer Gebühr für eine Zustellung in den Konsulargerichtsbezirken nach den Vorschriften über Zustellungen im Inlande ist Abs. 1 zu berücksichtigen.

4. Die Konsularbeamten erhalten bei Dienstreisen Tagegelder und Reisekosten nach den in der Verordnung vom 23. April 1879 (RGBl. S. 127, RGBl. 1881 S. 27) aufgestellten Sätzen, die ihnen auch in ihrer Eigenschaft als Gerichtsbeamte und Gerichtsvollzieher zustehen. Diese Sätze sind höher, als die für die entsprechenden Beamten im Inlande.

Durch Abs. 3 wird ein Zweifel darüber, ob die Parteien zum Ersatz dieser höheren Kosten verpflichtet sind, ausgeschlossen.

§ 74.

Die Erhebung und Beitreibung der Kosten wird durch den Konsul veranlaßt.

Die Regelung des Beitreibungsverfahrens erfolgt im Anschluß an die Vorschriften der Zivilprozeßordnung durch Anordnung des Reichskanzlers.

Dienstanweisung zum § 74.

Die Regelung des Beitreibungsverfahrens ist durch die Anordnung des Reichskanzlers, betreffend das Zwangsverfahren wegen Beitreibung der Gerichtskosten in den Konsulargerichtsbezirken vom 27. Oktober 1900 (Zentralblatt S. 576) erfolgt. Gemäß § 1 dieser Anordnung sind in dem Beitreibungsverfahren Gebühren und bare Auslagen nach den für die gerichtliche Zwangsvollstreckung geltenden Vorschriften zu erheben.

Durch den Abs. 1 wird ein vollstreckbarer Titel für die bei der Ausübung der Konsulargerichtsbarkeit entstehenden Kostenforderungen des Reichs geschaffen und gleichzeitig die Erhebung und Beitreibung dem Konsul übertragen, da es angemessen erschien, daß solche Geldbeträge nicht auf dem Wege einer vom Reichsfiskus anzustellenden Klage, sondern wie in Preußen auf dem Wege des Verwaltungszwangsverfahrens beigetrieben werden (Begründung S. 32).

Die in der Dienstanweisung zu diesem Paragraph erwähnte Anordnung des Reichskanzlers ist im Anhang abgedruckt.

§ 75.

Die bei der Ausübung der Konsulargerichtsbarkeit mitwirkenden Behörden haben einander zum Zwecke der Erhebung und Beitreibung der Kosten Beistand zu leisten.

Das gleiche gilt für die Beistandsleistung unter diesen Behörden und den Behörden im Reichsgebiet oder in den deutschen Schutzgebieten. Dabei finden die gemäß § 99 des Gerichtskostengesetzes (Reichs-Gesetzbl. 1898 S. 659) erlassenen Vorschriften über den zum Zwecke der Einziehung von Gerichtskosten unter den Bundesstaaten zu leistenden Beistand entsprechende Anwendung.

Nach § 99 GKG. haben in den Angelegenheiten der streitigen Gerichtsbarkeit die Behörden einander zum Zwecke der Einziehung von Gerichtskosten nach näherer Bestimmung einer vom Bundesrate zu erlassenden Anweisung Beistand zu leisten. Die auf Grund dieser

Vorschrift ergangene Anweisung vom 23. April 1880 (ZBl. Nr. 21 S. 278) regelt indes diese Beistandsleistung nur unter den Behörden der verschiedenen Bundesstaaten, sodaß sie auf die Konsulargerichtsbezirke nicht ohne weiteres Anwendung findet. Für die Beistandsleistung zum Zwecke der Kosteneinziehung in den Angelegenheiten der freiwilligen Gerichtsbarkeit hat das Gesetz über den Beistand bei Einziehung von Abgaben und Vollstreckung von Vermögensstrafen vom 9. Juli 1895 (RGBl. S. 256) anderweitige Vorschriften getroffen, die sich indes gleichfalls nur auf den Verkehr unter den verschiedenen Bundesstaaten erstrecken (Begründung S. 32).

Die durch § 75 vorgenommene Regelung soll eine einheitliche sein; es sollen auf die Beistandsleistung unter den bei der Ausübung der Konsulargerichtsbarkeit mitwirkenden Behörden sowie unter diesen Behörden und den Behörden im Reichsgebiet oder in den deutschen Schutzgebieten die im Inlande für die Kosteneinziehung in den Angelegenheiten der streitigen Gerichtsbarkeit geltende Vorschriften, sowohl in diesen wie in den Angelegenheiten der freiwilligen Gerichtsbarkeit entsprechende Anwendung finden.

§ 76.

Soweit die Gebühren der Rechtsanwälte durch Ortsgebrauch geregelt sind, kommt dieser zunächst zur Anwendung.

1. Die Berechtigung der Ortsgebräuche, die sich in den Konsulargerichtsbezirken vielfach bezüglich der Gebühren der Rechtsanwälte gebildet haben, kann nach der Begr. z. fr. Ges. (StenB. Bd. IV S. 586) im Hinblick auf die Tatsache, daß der Wert des Geldes in jenen Bezirken ein anderer ist als im Inlande, nicht bestritten werden. Der Gesetzgeber hat hiernach nur im Auge

gehabt, daß die ortsüblichen Gebühren höher sind als die heimischen. Nach der Fassung des Gesetzes hat aber die Berechnung der ortsüblichen Gebühren auch stattzufinden, wenn sie niedriger sind als die heimischen.

Ein Ortsgebrauch kann für Rechtsanwälte bestehen, die Angehörige des Staates sind, in dem die Konsulargerichtsbarkeit ausgeübt wird, oder, wenn solche Rechtsanwälte z. B. nicht vorhanden sind, für Rechtsanwälte, die Angehörige anderer Staaten sind, aber in dem Konsulargerichtsbezirke ansässig sind und dort ihren Beruf ausüben.

2. Der Ortsgebrauch entscheidet in erster Linie über die Gebührenforderungen der Rechtsanwälte: möglich ist, daß nach ihm eine andere Berechnungsart als die inländische stattfindet, und daß für eine Tätigkeit, für die im Inlande keine Gebühr in Ansatz gebracht werden darf, eine Vergütung zu bezahlen ist, oder umgekehrt.

Die Auslagen der Rechtsanwälte werden durch die Bestimmung dieses Paragraphen nicht getroffen (vgl. Anm. 2 zu § 73).

3. Wo kein Ortsgebrauch besteht, gelten unverändert die Reichsgesetze, insbesondere die Gebührenordnung für Rechtsanwälte vom 7. Juli 1879 (RGBl. S. 173) und gemäß § 19 Nr. 1 KGG. auch preußische Gesetze.

Neunter Abschnitt.

Schlußbestimmungen.

§ 77.

Die im § 2 bezeichneten Personen können nach den in Gemäßheit dieses Gesetzes in den Konsulargerichtsbezirken Anwendung findenden strafrechtlichen Vorschriften wegen eines Verbrechens oder Vergehens auch dann verfolgt werden, wenn sie die Handlung in einem Gebiete begangen haben, das keiner Staatsgewalt unterworfen ist.

Im übrigen können durch Kaiserliche Verordnung die in Gemäßheit dieses Gesetzes in den Konsulargerichtsbezirken geltenden Vorschriften in Gebieten der im Abs. 1 bezeichneten Art ganz oder teilweise für anwendbar erklärt werden. Soweit hiernach die Vorschriften über die Ausübung der Gerichtsbarkeit Geltung erlangen, ist der Reichskanzler befugt, an Stelle des Konsuls einen anderen Beamten zur Wahrnehmung der Gerichtsbarkeit zu ermächtigen; auch können als Gerichtsbeisitzer Personen zugezogen werden, die nicht Eingesessene oder Einwohner des Gerichtsbezirkes sind.

Dieser Paragraph gehört nicht zur Regelung der Konsulargerichtsbarkeit. Der Abgeordnete Beck meinte in der Reichstagssitzung vom 16. Jan. 1900, daß er besser in das Strafgesetzbuch passe (StenB. Bd. IV S. 3551). Seine Aufnahme in dieses Gesetz wurde nach der Begründung (S. 33) deshalb gewählt, weil die Verhältnisse in den keine Staatsgewalt unterworfenen Gebieten in verschiedenen Beziehungen ähnlich wie in den Konsulargerichtsbezirken gestaltet sind, sodaß zum Teil die gleichen Bestimmungen Anwendung finden können. Für solche Gebiete war bisher eine Regelung der Rechtsverhältnisse durch die deutsche Gesetzgebung nicht erfolgt. Es fanden daher im allgemeinen auf die sich dort aufhaltenden Deutschen überhaupt keine Rechtsvorschriften, sei es privatrechtlichen oder strafrechtlichen Inhalts, Anwendung, sodaß beispielsweise Deutsche wegen der in solchen Gebieten begangenen strafbaren Handlungen, abgesehen von den Fällen des § 4 Abs. 2 Nr. 1, 2 des StGB., auch nach ihrer Rückkehr in die Heimat nicht verfolgt werden konnten.

Abs. 1 ermöglicht die Verfolgung der in diesen Gebieten begangenen strafbaren Handlungen. Er beschränkt sich dabei nach dem Vorbild des § 4 Abs. 2 Nr. 3 des StGB. auf die Verfolgung von Verbrechen und Vergehen und sieht auch, ebenso wie dieser, von einem Verfolgungszwang ab, dessen Einführung schon mit Rücksicht auf die nicht hinreichend gewährleistete Bestrafung der in solchen Gebieten von fremden Staatsangehörigen gegen Deutsche begangenen strafbaren Handlungen bedenklich erschien. Für anwendbar werden die in Gemäßheit dieses Gesetzes in den Konsulargerichtsbezirken Anwendung findenden strafrechtlichen Vorschriften erklärt, nicht auch die strafprozeßrechtlichen. Es gelten nur solche strafrechtliche Vorschriften in den betreffenden Gebieten, die in allen Konsulargerichtsbezirken gelten, deswegen z. B. nicht solche, die gemäß § 30 KGG. in einigen Bezirken noch nicht in Kraft sind.

Solange eine Kaiserliche Verordnung, wie sie Abs. 2 gestattet, nicht ergangen ist und deshalb deutsche Gerichte in den keiner Staatsgewalt unterworfenen Gebieten fehlen, ist eine Bestrafung auf Grund der Bestimmung des Abs. 1 nur möglich, wenn ein Gericht im Reichsgebiet, in einem Schutzgebiet oder einem Konsulargerichtsbezirk zuständig ist.

§ 78.

Dieses Gesetz tritt an einem durch Kaiserliche Verordnung festzusetzenden Tage in Kraft.

Art. 1 der Verordnung zur Einführung des Gesetzes über die Konsulargerichtsbarkeit vom 25. Okt. 1900 (RGBl. S. 999) lautet:

„Das Gesetz über die Konsulargerichtsbarkeit vom 7. April 1900 tritt am 1. Jan. 1901 in Kraft."

Eine ausdrückliche Hervorhebung, daß das frühere Gesetz mit dem Geltungsbeginn des neuen Gesetzes außer Kraft tritt, wurde in der Begründung (S. 34) mit Recht für unnötig gehalten. Eine Übergangsvorschrift enthält § 23 Abs. 5 (s. Anm. 4 dortselbst), weitere gesetzliche Übergangsvorschriften sind nicht gegeben worden.

§ 79.

Soweit in Reichsgesetzen oder in Landesgesetzen auf Vorschriften des Gesetzes über die Konsulargerichtsbarkeit vom 10. Juli 1879 verwiesen ist, treten die entsprechenden Vorschriften dieses Gesetzes an deren Stelle.

Dieser Paragraph ist dem Art. 4 EG. z. BGB. und gleichen Bestimmungen anderer Gesetze nachgebildet.

§ 80.

Der Reichskanzler hat die zur Ausführung des Gesetzes erforderlichen Anordnungen zu erlassen.

Die Befugnis des Reichskanzlers erstreckt sich nur auf Verwaltungsverordnungen, nicht auf Rechtsverordnungen (Stengel, Rechtsverhältnisse S. 52).

Seine außer der hier wörtlich angeführten Dienstanweisung vom 27. Okt. 1900 ergangenen Ausführungsanordnungen sind oben in den Anmerkungen und in dem Anhang erwähnt oder aufgeführt.

Über die Tätigkeit des Reichskanzlers als Aufsichtsbehörde vgl. Anm. 3 zu § 6.

Urkundlich unter Unserer Höchsteigenhändigen Unterschrift und beigedrucktem Kaiserlichen Insiegel.

Gegeben Berlin, den 7. April 1900.

(L. S.) **Wilhelm.**

Fürst zu Hohenlohe.

Schlußbestimmung der Dienstanweisung.

Jeder mit Gerichtsbarkeit versehene Konsul hat dem Reichskanzler einzureichen:

1. am Schlusse des Geschäftsjahrs eine Geschäftsübersicht nach dem als Anlage beigefügten Formulare;
2. am Schlusse des Vierteljahrs die nach Maßgabe der Bestimmungen des Bundesratsbeschlusses vom 5. Dezember 1881 (Zentralblatt 1882 S. 115) ausgefüllten Zählkarten über die im Laufe des Vierteljahrs rechtskräftig erledigten Strafsachen wegen Verbrechen und Vergehen gegen die Reichsgesetze, oder die entsprechenden Fehlanzeigen;
3. die nach Maßgabe der Verordnungen des Bundesrats vom 16. Juni 1882 und vom 9. Juli 1896 (Zentralblatt 1882 S. 309 und 1896 S. 426) sowie der dazu ergangenen Anweisung des Reichskanzlers vom 13. Dezember 1882 an die inländischen Behörden zu übersendenden Strafnachrichten. Diese sind im allgemeinen in einem Exemplare, bei Verurteilung von

Schutzgenossen, die einem fremden Staate angehören, in zwei Exemplaren einzureichen.

Die Formulare für die Geschäftsübersichten, die Zählkarten und die Strafnachrichten, von denen die Zählkarten-Formulare inzwischen abgeändert worden sind, werden den Konsulaten nach Bedarf übersandt. Die Zählkarten und Strafnachrichten sind ohne Begleitbericht unter Umschlag einzureichen.

Berlin, den 27. Oktober 1900.

Der Reichskanzler.
Graf v. Bülow.

Übersicht

der

gerichtlichen Geschäfte in dem Bezirke des Konsulargerichts

in

während des Geschäftsjahrs 19 ....

I. Geschäfte der streitigen Gerichtsbarkeit.

A. Zivilsachen.

I. Bürgerliche Rechtsstreitigkeiten.	Zahl	Bemerkungen
a) Zahl der Sachen:		
Es sind im laufenden Jahre anhängig geworden:		
1. Sühnesachen		
darunter Ehesachen . .		
2. Mahnsachen		
3. Ordentliche Prozesse[1] .		
4. Urkundenprozesse . . .		
darunter Wechselprozesse .		
5. Prozesse in Ehesachen[2] .		
6. Prozesse, welche die Feststellung des Rechtsverhältnisses zwischen Eltern und Kindern zum Gegenstande haben		
7. Entmündigungssachen .		
8. Prozesse in Entmündigungssachen[3]		

[1]) Einschließlich der im ordentlichen Verfahren anhängig gebliebenen Urkundenprozesse (§ 600 ZPO.).

[2]) Der Begriff der Ehesachen bestimmt sich nach §§ 606, 639 ZPO. Demnach sind z. B. Rechtsstreitigkeiten über Regulierung des sogenannten Interimistikums hier nicht zu zählen.

[3]) D. h. Klagen wegen Anfechtung des Entmündigungsbeschlusses oder wegen Wiederaufhebung der Entmündigung (§§ 664, 679, 684, 686 ZPO.).

	Zahl	Bemerkungen
9. Aufgebotsverfahren . .		
10. Arreste und einstweilige Verfügungen[4])		
11. Anträge außerhalb eines bei dem Gericht anhängigen Rechtsstreits[5]) .		
12. Verteilungsverfahren[6]) .		
13. Zwangsversteigerungen von Gegenständen des unbeweglichen Vermögens		
14. Zwangsverwaltungen . .		
15. Andere Anträge, betreffend Zwangsvollstreckung . .		
b) Mündliche Verhandlungen:[7])		
Zahl der mündlichen Ver-		

[4]) a) Mehrere Anträge auf Anordnung eines Arrestes oder einer einstweiligen Verfügung, die sich auf dieselbe Hauptsache beziehen, werden mehrfach gezählt.

b) Es sind auch solche Sachen hier zu zählen, in denen der Antrag auf Anordnung eines Arrestes oder einer einstweiligen Verfügung zurückgewiesen ist.

[5]) Ausschließlich der Rechtshülfesachen, die in dieser Übersicht überhaupt nicht darzustellen sind.

[6]) Betreffend bewegliches Vermögen, insofern das Verfahren nicht (wie beim Konkurse, der Zwangsvollstreckung in unbewegliches Vermögen, die bewegliche Gegenstände mit umfaßt) den Teil eines anderen selbständigen Verfahrens bildet.

[7]) Termine, in denen lediglich Entscheidungen verkündet worden sind, sowie andere Termine, die ohne mündliche Verhandlung erledigt worden sind, werden nicht mitgezählt.

	Zahl	Bemerkungen
handlungen in Sachen, die anhängig geworden sind . .		
darunter kontradiktorische Verhandlungen		
c) Einzelheiten:		
1. Unter den im laufenden Jahre anhängig gewordenen Prozeßsachen (oben a zu 3, 4, 5, 6, 8, 10) gehörten zur Zuständigkeit:		
a) des Konsuls		
b) des Konsulargerichts .		
2. Es fanden mündliche Verhandlungen statt:		
a) vor dem Konsul . .		
b) vor dem Konsulargerichte		
Unter den Fällen zu 2*a* befanden sich solche, in denen der Konsul nach § 9 Abs. 1 des Gesetzes über die Konsulargerichtsbarkeit v. 7. April 1900 an Stelle des Konsulargerichts getreten war		

	Zahl	Bemerkungen
II. Konkurssachen.		
1. Es waren anhängig:[8])		
überjährige		
diesjährige		
zusammen . .		
Davon sind beendet . . .		
Es bleiben unbeendet . . .		
überjährige		
diesjährige		
zusammen . .		
2. Konkursverfahren sind beendet:		
a) durch Zurückweisung des Antrags auf Konkurseröffnung . .		
b) durch Schlußverteilung		
c) durch Zwangsvergleich		
d) auf andere Art . .		
a bis *d* zusammen . .		

[8]) Als anhängig ist ein Konkursverfahren zu betrachten, sobald der Antrag auf Eröffnung gestellt ist. Es sind daher hier auch die Fälle mitzuzählen, in denen der Antrag auf Konkurseröffnung zurückgewiesen oder über diesen Antrag noch kein Beschluß gefaßt worden ist.

B. Straf-

	waren anhängig			davon	
				in der ersten	
	überjährige	diesjährige	zusammen	durch Strafbefehl	durch Zurückweisung der Privatklage
a) Zahl der Sachen:					
1. Privatklagesachen . . .				—	
2. Strafbefehle[9])					—
3. Hauptverfahren in anderen Strafsachen, für die das Konsulargericht zuständig war in der Besetzung mit:					
a) zwei Beisitzern . .				—	—
vier Beisitzern[10]) .				—	—
4. Einzelne richterliche Anordnungen[11])	—	—	—	—	—
5. Beschwerden gegen Entscheidungen des Konsuls (§ 10 Nr. 2 des Gesetzes vom 7. April 1900) . .				—	—

---

[9]) Strafsachen, in denen ein Strafbefehl vom Konsul erlassen ist, werden lediglich unter Nr. 2 gezählt. Hat der Strafbefehl die Wirkung eines rechtskräftigen Urteils er-

sachen.

sind beendet:				bleiben unbeendet:			Zahl	Bemerkungen
Instanz								
durch Urteil	auf andere Art	in der Berufungs-Instanz	zusammen	überjährige	diesjährige	zusammen		
—	—	—	—	—	—	—		
—	—	—						

langt (§ 450 StPO.), so ist von den die Beendigung darstellenden Längsspalten die Spalte „durch Strafbefehl" zur Zählung des Falles bestimmt; anderenfalls erfolgt die

(Fortsetzung der Fußnoten s. S. 166.)

Zählung in der zutreffenden anderen, die Beendigung darstellende Längsspalte. Verfahren, die durch Einsprüche gegen Strafbefehle veranlaßt werden, sind demnach unter Nr. 3 nicht zu zählen, sondern nur unter Nr. 2.

[10]) a) Dafür, ob eine Strafsache unter Buchstabe *a* oder Buchstabe *b* zu zählen ist, kommt lediglich die Vorschrift des § 8 Abs. 2 des Gesetzes vom 7. April 1900 in Betracht. Unter Buchstabe *a* gehören auch die Fälle, in denen nach § 211 StPO. der Konsul allein verhandelt und entscheidet, unter Buchstabe *b* auch die Fälle, in denen auf Grund des § 9 Abs. 2 a. a. O. nur zwei Beisitzer zugezogen sind.

b) Bei Zusammenhang einer unter Buchstabe *a* fallenden Strafsache mit einer unter Buchstabe *b* gehörigen ist die Sache nur einmal (bei Buchstabe *b*) zu zählen.

[11]) Ausschließlich der Rechtshülfesachen, die in dieser Übersicht überhaupt nicht darzustellen sind. Im übrigen gehören hierher alle richterlichen Untersuchungshandlungen, die im Vorbereitungsverfahren stattgefunden haben, auch wenn es später nicht zur Eröffnung des Hauptverfahrens gekommen ist, also z. B. Vernehmungen von Zeugen und Sachverständigen, Einnahme des richterlichen Augenscheins, Durchsuchungen, Beschlagnahmen und Verhaftungen. Mehrere selbständige Handlungen in derselben Sache sind jede für sich zu zählen.

	Zahl	Bemerkungen
b) Hauptverhandlungen:		
1. Zahl der Hauptverhandlungen:		
a) vor dem Konsul[12]) .		
b) vor dem Konsulargericht in der Besetzung mit zwei Beisitzern .		
c) vor dem Konsulargericht in der Besetzung mit vier Beisitzern .		
a bis c zusammen .		
2. Zahl der ergangenen Urteile		
Durch die ergangenen Urteile erster Instanz sind Personen:		
a) verurteilt . . . . . darunter durch Urteile des Konsulargerichts[13])		
b) freigesprochen . . . darunter durch Urteile des Konsulargerichts[13])		

[12]) In den Fällen § 211 StPO.

[13]) Im Gegensatze zu den nur vom Konsul ohne Zuziehung von Beisitzern erlassenen Urteilen (Anm. 12).

	Zahl	Bemerkungen
c) Einzelheiten:		
1. Von der Gesamtzahl der durch Entscheidung erledigten Beschwerden gegen Entscheidungen des Konsuls (s. oben Buchstabe a Nr. 5) sind:		
a) für begründet erklärt .		
b) für unbegründet erklärt		
2. Unter den Hauptverhandlungen zu Buchstabe b Nr. 1*b* befanden sich solche, zu denen die Zuziehung von vier Beisitzern auf Grund des § 9 Abs. 2 des Gesetzes vom 7. April 1900 unterlassen war		

II. Geschäfte der freiwilligen Gerichtsbarkeit.

A. Vormundschaften und Pflegschaften [14]			B. Nachlaß- und Teilungssachen außer den vormundschaftlichen			C. Eintragungen in das Handels- und Genossenschafts-Register	D. Fälle der vorläufigen Verwahrung (§ 70 der Hinterlegungsordnung vom 14. März 1879) und der Hinterlegung (§ 87 der Hinterlegungsordnung)			E. Sonstige Handlungen der freiwilligen Gerichtsbarkeit sind im Jahre 19 .... vorgenommen worden
waren zu führen	davon sind beendigt	davon sind anhängig geblieben	waren zu führen	davon sind beendigt	davon sind anhängig geblieben		1. Zahl und Gesamtwert der vorhandenen Geldmassen	2. Zahl der vorhandenen Massen, die aus Wertpapieren auf Inhaber, aus Wertpapieren auf Namen, auf welche die Zahlung dem Inhaber geleistet werden kann, oder aus Kostbarkeiten bestehen	3. Zahl der vorhandenen Massen, die aus sonstigen Gegenständen bestehen	
										darunter Grundbuchsachen

[14]) Die Vormundschaften und Pflegschaften sind nach den Familien und nicht nach den einzelnen Mündeln zu zählen.

Anhang.

---

1. Anordnung des Reichskanzlers,

betreffend

die Konsulargerichtsbarkeit über Schutzgenossen.

Vom 27. Oktober 1900 (ZBl. S. 574).

Auf Grund des § 2 des Gesetzes über die Konsulargerichtsbarkeit vom 7. April 1900 (Reichs-Gesetzbl. S. 213) wird folgendes bestimmt:

§ 1.

Für alle Rechtsverhältnisse werden dem deutschen Schutze nachstehend bezeichnete Personen unterstellt, wenn sie Schutzgenossen im Sinne der für die allgemeine Gewährung des deutschen Konsularschutzes maßgebenden Vorschriften sind:

1. ehemalige Deutsche sowie Ehefrauen, Witwen und Abkömmlinge von solchen;
2. Angehörige befreundeter Staaten;
3. Ausländer, die als Unterbeamte bei einer deutschen Gesandtschaft oder Konsularbehörde angestellt sind oder gewesen sind, sowie ihre Ehefrauen und

ihre in der Hausgemeinschaft befindlichen Abkömmlinge;

4. marokkanische Staatsangehörige sowie ihre Ehefrauen und ihre in der Hausgemeinschaft befindlichen Abkömmlinge;
5. zanzibarische Staatsangehörige und Angehörige anderer nichtchristlicher Staaten, die in Zanzibar durch Konsuln nicht vertreten sind, sowie ihre Ehefrauen und ihre in der Hausgemeinschaft befindlichen Abkömmlinge.

Dem deutschen Schutze sind jedoch nicht unterstellt die im Abs. 1 Nr. 3 bis 5 bezeichneten Schutzgenossen, die der christlichen Religion nicht angehören, für die das Familien- und Erbrecht betreffenden Rechtsverhältnisse, ferner die in Nr. 3, 4 bezeichneten Schutzgenossen, die der christlichen Religion nicht angehören, für die von ihnen begangenen Verbrechen und Vergehen gegen §§ 171, 172 des Strafgesetzbuchs, sowie die in Nr. 5 bezeichneten Schutzgenossen für alle von ihnen begangenen Verbrechen und Vergehen.

§ 2.

In bürgerlichen Rechtsstreitigkeiten, in Konkurssachen und in den Angelegenheiten der freiwilligen Gerichtsbarkeit werden dem deutschen Schutze unterstellt:

1. ehemalige Deutsche, die nicht Schutzgenossen im Sinne des § 1 Abs. 1 Nr. 1 sind, für die von ihnen bis zum Verluste der Reichsangehörigkeit begründeten Rechtsverhältnisse, wenn sie keine fremde Staatsangehörigkeit erworben, sich auch

nicht ausdrücklich dem Schutze einer fremden christlichen Macht oder dem Schutze der Landesbehörden unterworfen haben;

2. Handelsgesellschaften und Genossenschaften, die nach § 2 Abs. 2 Satz 3 des Gesetzes über die Konsulargerichtsbarkeit den Ausländern gleichgeachtet werden, für alle sie betreffenden Rechtsverhältnisse, wenn sie in ein bei einem deutschen Konsulate geführtes Handels- oder Genossenschaftsregister eingetragen sind;

3. Eigentümer, Mieter, Pächter und sonstige Nutzungsberechtigte von Grundstücken in den deutschen Niederlassungen in Tientsin und Hankau, die weder Deutsche sind, noch zu den im § 1 Nr. 1 bis 3 und im § 2 Nr. 2 bezeichneten Schutzgenossen gehören, für die das Grundstück oder ihre Stellung zur Niederlassungsgemeinde betreffenden Rechtsverhältnisse. Diese Vorschrift findet auf chinesische Mieter, Pächter und sonstige Nutzungsberechtigte keine Anwendung.

§ 3.

In Strafsachen werden dem deutschen Schutze unterstellt:

1. ehemalige Deutsche, die nicht Schutzgenossen im Sinne des § 1 Abs. 1 Nr. 1 sind, für alle von ihnen begangenen strafbaren Handlungen, wenn sie keine fremde Staatsangehörigkeit erworben, sich auch nicht ausdrücklich dem Schutze einer

fremden christlichen Macht oder dem Schutze der der Landesbehörden unterworfen haben;

2. Angehörige befreundeter Staaten, die nicht Schutzgenossen im Sinne des § 1 Abs. 1 Nr. 2 sind, für die von ihnen begangenen strafbaren Handlungen, soweit im einzelnen Falle von der Regierung ihres Staates ein entsprechender Antrag gestellt wird;
3. Ausländer, die zur Besatzung eines deutschen Kauffahrteischiffs gehören, für die in den Strafbestimmungen der Seemannsordnung bezeichneten sowie für die von ihnen auf dem Schiffe oder gegen andere Personen der Besatzung außerhalb des Schiffes begangenen sonstigen strafbaren Handlungen, wenn sie von den Behörden ihres Staates nicht zur Verantwortung gezogen werden, oder dieser Staat in den Konsulargerichtsbezirken die Gerichtsbarkeit über Deutsche, die zur Besatzung eines seiner Kauffahrteischiffe gehören, ohne weiteres in Anspruch nimmt.

§ 4.

Die den Ausländern gleichgeachteten Handelsgesellschaften und Genossenschaften (§ 2 Nr. 2) sind in das Handels- oder Genossenschaftsregister nur dann einzutragen:

1. wenn sie für ihre Rechtsverhältnisse in dem Gesellschaftsvertrag oder in dem Genossenschafts-

statut ausdrücklich der Konsulargerichtsbarkeit unterworfen werden;

2. wenn sie einem erheblichen Interesse von Deutschen oder von Schutzgenossen der im § 1 Nr. 1, 2 bezeichneten Art dienen, und diesem Interesse nicht ein überwiegendes Interesse von Angehörigen eines fremden Staates gegenübersteht;
3. wenn sie nicht allgemeine deutsche Interessen gefährden.

Lehnt der Konsul die Eintragung wegen Fehlens einer der im Abs. 1 angegebenen Voraussetzungen ab, so findet gegen diese Entscheidung ausschließlich Beschwerde an den Reichskanzler statt.

Eine in dem Register eingetragene Gesellschaft oder Genossenschaft kann auf Anordnung des Reichskanzlers gelöscht werden, wenn Umstände vorliegen, die nach den Vorschriften des Abs. 1 die Ablehnung der Eintragung rechtfertigen würden.

§ 5.

Die Schutzgenossen sind für ihre Rechtsverhältnisse in dem aus den §§ 1 bis 3 sich ergebenden Umfange dem deutschen Schutze in jedem Konsulargerichtsbezirk unterstellt, die im § 1 Nr. 2 bezeichneten Schutzgenossen jedoch nur soweit, als nicht in dem Bezirk eine Konsularbehörde ihres Staates besteht.

§ 6.

Fallen die Voraussetzungen fort, unter denen nach den §§ 1 bis 3 der deutsche Schutz erteilt wird, so bleiben die

Schutzgenossen diesem Schutze nur für die rechtshängig gewordenen Sachen unterstellt.

Für die in § 1 Nr. 1 bezeichneten Schutzgenossen dauert die Unterstellung in Ansehung der während des Schutzverhältnisses begründeten Rechtsverhältnisse ohne Rücksicht auf die Rechtshängigkeit fort, wenn diese Schutzgenossen keine fremde Staatsangehörigkeit erworben, sich auch nicht ausdrücklich dem Schutze einer fremden christlichen Macht, oder dem Schutze der Landesbehörden unterworfen haben. In Ansehung derselben Rechtsverhältnisse dauert die Unterstellung für die im § 1 Nr. 2 bezeichneten Schutzgenossen fort, solange diese nicht ihre bisherige Staatsangehörigkeit verloren haben oder nicht in dem Konsulargerichtsbezirk eine Konsularbehörde ihres Staates errichtet ist.

§ 7.

Die Vorschriften dieser Anordnung finden keine Anwendung, soweit Vereinbarungen mit anderen Staaten entgegenstehen.

Sie finden keine Anwendung innerhalb Rumäniens und Serbiens.

§ 8.

Die Vorschriften der die Gerichtsbarkeit der deutschen Konsuln in Egypten betreffenden Kaiserlichen Verordnungen vom 23. Dezember 1875 (Reichs-Gesetzbl. S. 381) und vom 15. Februar 1897 (Reichs-Gesetzbl. S. 17) werden, soweit sie sich auf die unter deutschem Schutze stehenden Körperschaften und Anstalten beziehen, durch diese Anordnung nicht berührt.

§ 9.

Diese Anordnung tritt gleichzeitig mit dem Gesetz über die Konsulargerichtsbarkeit in Kraft.

---

2. Anordnung des Reichskanzlers,

betreffend

das Zwangsverfahren wegen Beitreibung der Gerichtskosten in den Konsulargerichtsbezirken.

Vom 27. Oktober 1900 (ZBl. S. 576).

§ 1.

Auf das Zwangsverfahren finden, soweit sich nicht aus dieser Anordnung ein anderes ergibt, die Vorschriften über die gerichtliche Zwangsvollstreckung entsprechende Anwendung.

§ 2.

An die Stelle des Gerichts tritt der Konsul.

In den Fällen der §§ 768, 771 bis 774, 781 bis 784, 786, 805, 878 Abs. 1 der Zivilprozeßordnung tritt an die Stelle der Klage die Erinnerung bei dem Konsul.

Der Konsul ist berechtigt, vor der Entscheidung über Anträge, Einwendungen und Erinnerungen Beweis nach den Vorschriften der Zivilprozeßordnung zu erheben.

Gegen die Entscheidung des Konsuls findet Beschwerde bei dem Reichskanzler statt. Der Konsul ist zur Abänderung seiner durch Beschwerde angefochtenen Entscheidung befugt.

Gegen die Entscheidung des Reichskanzlers ist in den Fällen des Abs. 2 innerhalb einer Ausschlußfrist von sechs Monaten nach der Zustellung die gegen den Reichskanzler in seinem Amtssitze zu richtende gerichtliche Klage zulässig.

§ 3.

Für die Zwangsvollstreckung in das unbewegliche Vermögen sowie für die Abnahme des Offenbarungseides bleiben die Gerichte zuständig. In diesen Fällen wird der Reichsfiskus durch den Gerichtsschreiber vertreten.

§ 4.

An die Stelle des vollstreckbaren Titels tritt die Anordnung des Zwangsverfahrens durch den Konsul.

Dem Schuldner und Dritten gegenüber wird der Gerichtsvollzieher zur Vornahme der Zwangsvollstreckung durch den ihm erteilten und auf Verlangen einer beteiligten Person vorzuzeigenden schriftlichen Auftrag des Konsuls ermächtigt.

Der Zwangsvollstreckung soll die Mitteilung der Kostenrechnung mit dreitägiger Zahlungsfrist vorhergehen.

§ 5.

Zustellungen können durch Anheftung des zuzustellenden Schriftstücks an die Gerichtstafel erfolgen, wenn die Befolgung der für den Zivilprozeß geltenden Vorschriften unausführbar ist oder keinen Erfolg verspricht; sie gelten als bewirkt, wenn seit der Anheftung zwei Wochen verstrichen sind.

§ 6.

Diese Anordnung tritt gleichzeitig mit dem Gesetz über die Konsulargerichtsbarkeit in Kraft.

Sachregister.

(Die Zahlen bedeuten die Seiten.)

H.

J.

K.

L.

M.

N.

O.

P.

R.

U.

V.

W.

Z.

Druck von L. Walter, Berlin S.

Schutzgebietsgesetz

in der

Fassung der Bekanntmachung vom 25. Juli 1900.

(RGBl. 813—817)

§ 1.

Die Schutzgewalt in den deutschen Schutzgebieten übt der Kaiser im Namen des Reichs aus.

§ 2.

Auf die Gerichtsverfassung in den Schutzgebieten finden die Vorschriften der §§ 5, 7 bis 15, 17, 18 des Gesetzes über die Konsulargerichtsbarkeit vom 7. April 1900 (Reichs-Gesetzbl. S. 213) mit der Maßgabe entsprechende Anwendung, daß an die Stelle des Konsuls der von dem Reichskanzler zur Ausübung der Gerichtsbarkeit ermächtigte Beamte und an die Stelle des Konsulargerichts das in Gemäßheit der Vorschriften über das letztere zusammengesetzte Gericht des Schutzgebiets tritt.

§ 3.

In den Schutzgebieten gelten die im § 19 des Gesetzes über die Konsulargerichtsbarkeit bezeichneten Vorschriften der Reichsgesetze und preußischen Gesetze.

Die Vorschriften der §§ 20 bis 22, des § 23 Abs. 1 bis 3 und 5, der §§ 26, 29 bis 31, 33 bis 35, 37 bis 45, 47, 48, 52 bis 75 des Gesetzes über die Konsulargerichtsbarkeit finden entsprechende Anwendung.

§ 4.

Die Eingeborenen unterliegen der im § 2 geregelten Gerichtsbarkeit und den im § 3 bezeichneten Vorschriften nur insoweit, als dies durch Kaiserliche Verordnung bestimmt wird. Den Eingeborenen können durch Kaiserliche Verordnung bestimmte andere Teile der Bevölkerung gleichgestellt werden.

§ 5.

Die Militärgerichtsbarkeit wird durch dieses Gesetz nicht berührt.

§ 6.

Durch Kaiserliche Verordnung kann:

1. in Vorschriften über Materien, welche nicht Gegenstand des Strafgesetzbuchs für das Deutsche Reich sind, Gefängnis bis zu einem Jahre, Haft, Geldstrafe und Einziehung einzelner Gegenstände angedroht werden;
2. vorgeschrieben werden, daß in Strafsachen
   a) die Mitwirkung einer Staatsanwaltschaft mit der Maßgabe eintritt, daß, soweit die Staatsanwaltschaft zuständig ist, die Vorschriften der §§ 56, 65 und des § 71 Abs. 2 Satz 1 des Gesetzes über die Konsulargerichtsbarkeit außer Anwendung bleiben,

b) eine Voruntersuchung stattfindet, deren Regelung der Verordnung vorbehalten bleibt,

c) der § 9 Abs. 2 des Gesetzes über die Konsulargerichtsbarkeit keine Anwendung findet;

3. angeordnet werden, daß in Strafsachen, wenn der Beschluß über die Eröffnung des Hauptverfahrens eine Handlung zum Gegenstande hat, welche zur Zuständigkeit der Schöffengerichte oder zu den in den §§ 74, 75 des Gerichtsverfassungsgesetzes bezeichneten Vergehen gehört, in der Hauptverhandlung eine Zuziehung von Beisitzern nicht erforderlich ist;

4. die Gerichtsbarkeit in den zur Zuständigkeit der Schwurgerichte gehörenden Sachen den Gerichten der Schutzgebiete in der Weise übertragen werden, daß für diese Sachen, soweit nicht auf Grund der Nr. 2 etwas Anderes bestimmt wird, die Vorschriften Anwendung finden, welche für die im § 8 Abs. 2 des Gesetzes über die Konsulargerichtsbarkeit bezeichneten Strafsachen gelten;

5. an Stelle der Enthauptung eine andere, eine Schärfung nicht enthaltende Art der Vollstreckung der Todesstrafe angeordnet werden;

6. die nach dem Gesetz über die Konsulargerichtsbarkeit begründete Zuständigkeit des Reichsgerichts einem Konsulargericht oder einem Gerichtshof in einem Schutzgebiet übertragen und über die Zusammensetzung des letzteren Ge-

richtshofs sowie über das Verfahren in Berufungs- und Beschwerdesachen, die vor einem dieser Gerichte zu verhandeln sind, mit der Maßgabe Anordnung getroffen werden, daß das Gericht aus einem Vorsitzenden und mindestens vier Beisitzern bestehen muß;

7. für die Zustellungen, die Zwangsvollstreckung und das Kostenwesen die Anwendung einfacherer Bestimmungen vorgeschrieben werden;
8. für die gerichtliche und notarielle Beurkundung von Rechtsgeschäften mit Ausschluß der Verfügungen von Todeswegen ein einfacheres Verfahren vorgeschrieben sowie die Zuständigkeit der Notare eingeschränkt werden;
9. die Verlängerung aller zur Geltendmachung von Rechten und zur Erfüllung von Pflichten gesetzlich festgestellten Fristen angeordnet werden.

§ 7.

Auf die Eheschließung und die Beurkundung des Personenstandes in den Schutzgebieten finden die §§ 2 bis 9, 11, 12 und 14 des Gesetzes vom 4. Mai 1870 (Bundes-Gesetzbl. S. 599, Reichs-Gesetzbl. 1896 S. 614) entsprechende Anwendung. Die Ermächtigung zur Eheschließung und zur Beurkundung des Personenstandes wird durch den Reichskanzler ertheilt.

Die Form einer Ehe, die in einem Schutzgebiete geschlossen wird, bestimmt sich ausschließlich nach den Vorschriften des bezeichneten Gesetzes.

Die Eingeborenen unterliegen den Vorschriften der Abs. 1, 2 nur insoweit, als dies durch Kaiserliche Verordnung bestimmt wird. Den Eingeborenen können durch Kaiserliche Verordnung bestimmte andere Theile der Bevölkerung gleichgestellt werden.

§ 8.

Die Befugnisse, welche den den deutschen Konsuln im Auslande nach anderen als den beiden in den §§ 2 und 7 bezeichneten Gesetzen zustehen, können durch den Reichskanzler Beamten in den Schutzgebieten übertragen werden.

§ 9.

Ausländern, welche in den Schutzgebieten sich niederlassen, sowie Eingeborenen kann durch Naturalisation die Reichsangehörigkeit von dem Reichskanzler verliehen werden. Der Reichskanzler ist ermächtigt, diese Befugniß einem anderen Kaiserlichen Beamten zu übertragen.

Auf die Naturalisation und das durch dieselbe begründete Verhältniß der Reichsangehörigkeit finden die Bestimmungen des Gesetzes über die Erwerbung und den Verlust der Bundes- und Staatsangehörigkeit von 1. Juni 1870 (Bundes-Gesetzbl. S. 355, Reichs-Gesetzbl. 1896 S. 615) sowie Artikel 3 der Reichsverfassung und § 4 des Wahlgesetzes für den Deutschen Reichstag vom 31. Mai 1869 (Bundes-Gesetzbl. S. 145) entsprechende Anwendung.

Im Sinne des § 21 des bezeichneten Gesetzes sowie bei Anwendung des Gesetzes wegen Beseitigung der Doppelbesteuerung vom 13. Mai 1870 (Bundes-Gesetzbl. S. 119) gelten die Schutzgebiete als Inland.

§ 10.

Durch Kaiserliche Verordnung können Eingeborne der Schutzgebiete in Beziehung auf das Recht zur Führung der Reichsflagge (Gesetz, betreffend das Flaggenrecht der Kauffahrteischiffe, vom 22. Juni 1899, Reichs-Gesetzbl. S. 319) den Reichsangehörigen gleichgestellt werden.

Die Führung der Reichsflagge in Folge der Verleihung dieses Rechtes hat nicht die Wirkung, daß das betreffende Schiff als deutsches Seefahrzeug im Sinne des § 1 Abs. 1 Nr. 1 und § 3 Abs. 1 des See-Unfallversicherungsgesetzes vom 30. Juni 1900 (Reichs-Gesetzbl. S. 716) gilt.

§ 11.

Deutschen Kolonialgesellschaften, welche die Kolonisation der deutschen Schutzgebiete, insbesondere den Erwerb und die Verwerthung von Grundbesitz, den Betrieb von Land- oder Plantagenwirthschaft, den Betrieb von Bergbau, gewerblichen Unternehmungen und Handelsgeschäften in denselben zum ausschließlichen Gegenstand ihres Unternehmens und ihren Sitz entweder im Reichsgebiet oder in einem Schutzgebiet oder in einem Konsulargerichtsbezirke haben oder denen durch Kaiserliche Schutzbriefe die Ausübung von Hoheitsrechten in den deutschen Schutzgebieten übertragen ist, kann auf Grund eines vom Reichskanzler genehmigten Gesellschaftsvertrags (Statuts) durch Beschluß des Bundesraths die Fähigkeit beigelegt werden, unter ihrem Namen Rechte, insbesondere Eigenthum und andere dingliche Rechte an Grundstücken zu erwerben, Verbindlichkeiten einzugehen, vor Gericht zu klagen und verklagt zu werden. In solchem Falle haftet den Gläubigern für alle Verbindlichkeiten der Kolonialgesellschaft nur das Vermögen derselben.

Das Gleiche gilt für deutsche Gesellschaften, welche den Betrieb eines Unternehmens der im Abs. 1 bezeichneten Art in dem Hinterland eines deutschen Schutzgebiets oder in sonstigen dem Schutzgebiete benachbarten Bezirken zum Gegenstand und ihren Sitz entweder im Reichsgebiet oder in einem Schutzgebiet oder in einem Konsulargerichtsbezirke haben.

Der Beschluß des Bundesraths und im Auszuge der Gesellschaftsvertrag sind durch den Reichsanzeiger zu veröffentlichen.

§ 12.

Der Gesellschaftsvertrag hat insbesondere Bestimmungen zu enthalten:

1. über den Erwerb und den Verlust der Mitgliedschaft;

2. über die Vetretung der Gesellschaft Dritten gegenüber;
3. über die Befugnisse der die Gesellschaft leitenden und der die Leitung beaufsichtigenden Organe derselben;
4. über die Rechte und Pflichten der einzelnen Mitglieder;
5. über die Jahresrechnung und Vertheilung des Gewinns;
6. über die Auflösung der Gesellschaft und die nach derselben eintretende Vermögensvertheilung.

§ 13.

Die Gesellschaften, welche die im § 11 erwähnte Fähigkeit durch Beschluß des Bundesraths erhalten haben, unterstehen der Aufsicht des Reichskanzlers. Die einzelnen Befugnisse desselben sind in den Gesellschaftsvertrag aufzunehmen.

§ 14.

Den Angehörigen der im Deutschen Reiche anerkannten Religionsgemeinschaften werden in den Schutzgebieten Gewissensfreiheit und religiöse Duldung gewährleistet. Die freie und öffentliche Ausübung dieser Kulte, das Recht der Erbauung gottesdienstlicher Gebäude und der Einrichtung von Missionen der bezeichneten Religionsgemeinschaften unterliegen keinerlei gesetzlicher Beschränkung noch Hinderung.

§ 15.

Der Reichskanzler hat die zur Ausführung des Gesetzes erforderlichen Anordnungen zu erlassen.

Der Reichskanzler ist befugt, für die Schutzgebiete oder für einzelne Theile derselben polizeiliche und sonstige die Verwaltung betreffende Vorschriften zu erlassen und gegen die Nichtbefolgung derselben Gefängniß bis zu drei Monaten, Haft, Geldstrafe und Einziehung einzelner Gegenstände anzudrohen.

Die Ausübung der Befugniß zum Erlasse von Ausführungsbestimmungen (Abs. 1) und von Verordnungen der im Abs. 2 bezeichneten Art kann vom Reichskanzler der mit einem Kaiserlichen Schutzbriefe für das betreffende Schutzgebiet versehenen Kolonialgesellschaft sowie den Beamten des Schutzgebiets übertragen werden.

§ 16.

Für Schutzgebiete, in denen das Gesetz über die Konsulargerichtsbarkeit vom 10. Juli 1879 (Reichs-Gesetzbl. S. 197) und das Gesetz, betreffend die Eheschließung und die Beurkundung des Personenstandes von Reichsangehörigen im Auslande, vom 4. Mai 1870 noch nicht in Kraft gesetzt sind, wird der Zeitpunkt, in welchem die §§ 2 bis 7 dieses Gesetzes in Kraft treten, durch Kaiserliche Verordnung bestimmt.

Ausführungsverordnung
betreffend
die Rechtsverhältnisse in den deutschen Schutzgebieten.

Vom 9. November 1900.
(RGBl. S. 1005)

§ 1.

Das Gesetz, betreffend Aenderungen des Gesetzes über die Rechtsverhältnisse der deutschen Schutzgebiete (Reichs-Gesetzbl. 1888 S. 75, Reichs-Gesetzbl. 1899 S. 365), vom 25. Juli 1900 (Reichs-Gesetzbl. S. 809) tritt in den Schutzgebieten am 1. Januar 1901 in Kraft.

§ 2.

Den Eingebornen werden im Sinne des § 4 und des § 7 Abs. 3 des Schutzgebietsgesetzes die Angehörigen fremder farbiger Stämme gleichgestellt, soweit nicht der Gouverneur (Landeshauptmann) mit Genehmigung des Reichskanzlers Ausnahmen bestimmt. Japaner gelten nicht als Angehörige farbiger Stämme.

§ 3.

Die im § 19 des Gesetzes über die Konsulargerichtsbarkeit vom 7. April 1900 (Reichs-Gesetzbl.

S. 213) bezeichneten, dem bürgerlichen Rechte angehörenden Vorschriften bleiben außer Anwendung, soweit sie die Rechte an Grundstücken, das Bergwerkseigenthum sowie die sonstigen Berechtigungen betreffen, für welche die sich auf Grundstücke beziehenden Vorschriften gelten. Soweit diese Verhältnisse noch nicht durch Kaiserliche Verordnung geregelt sind, ist der Reichskanzler und mit dessen Genehmigung der Gouverneur (Landeshauptmann) bis auf Weiteres befugt, die erforderlichen Bestimmungen zu treffen.

§ 4.

Die Vorschriften der Gesetze über den Schutz von Werken der Literatur und Kunst, von Photographien, von Erfindungen, von Mustern und Modellen, von Gebrauchsmustern und von Warenbezeichnungen finden Anwendung.

§ 5.

In Strafsachen tritt, sofern es sich um Verbrechen oder Vergehen handelt, die Mitwirkung einer Staatsanwaltschaft bei der Hauptverhandlung in erster Instanz, bei der Einlegung von Rechtsmitteln und bei dem Verfahren in zweiter Instanz ein.

Der Staatsanwalt wird von dem Gouverneur (Landeshauptmann), in dem Inselgebiete der Karolinen, Palau und Marianen von dem durch den Gouverneur zu bestimmenden Beamten bestellt.

Die Auswahl erfolgt aus der Zahl der Beamten des Schutzgebiets. Sofern dies nicht ausführbar ist, können andere geeignete Personen als Staatsanwälte bestellt werden. Der Staatsanwalt untersteht der Aufsicht und Leitung desjenigen Beamten, welcher ihn bestellt hat.

Soweit der Staatsanwalt zuständig ist, bleiben die Vorschriften des § 65 und des § 71 Abs. 2 Satz 1 des Gesetzes über die Konsulargerichtsbarkeit außer Anwendung.

§ 6.

In Strafsachen findet die Hauptverhandlung ohne die Zuziehung von Beisitzern statt, wenn der Beschluß über die Eröffnung des Hauptverfahrens eine Handlung zum Gegenstande hat, welche zur Zuständigkeit der Schöffengerichte oder zu den in den §§ 74, 75 des Gerichtsverfassungsgesetzes bezeichneten Vergehen gehört.

Diese Vorschrift findet für das Schutzgebiet von Kiautschou keine Anwendung.

§ 7.

Die Gerichtsbarkeit in den zur Zuständigkeit der Schwurgerichte gehörenden Sachen wird den Gerichten erster Instanz übertragen. Für diese Sachen finden die Vorschriften Anwendung, welche für die im § 8 Abs. 2 des Gesetzes über die Konsulargerichtsbarkeit vom 7. April 1900 bezeichneten Strafsachen gelten.

§ 8.

Die nach dem Gesetz über die Konsulargerichtsbarkeit vom 7. April 1900 begründete Zuständigkeit des Reichsgerichts wird für das Schutzgebiet von Togo der Gerichtsbehörde zweiter Instanz im Schutzgebiete von Kamerun, für das Schutzgebiet von Kiautschou dem Kaiserlichen Konsulargericht in Schanghai, für das Inselgebiet der Karolinen, Palau und Marianen der Gerichtsbehörde zweiter Instanz im Schutzgebiete von Deutsch=Neu=Guinea, für die übrigen Schußgebiete der in einem jeden derselben errichteten Gerichtsbehörde zweiter Instanz mit der Maßgabe übertragen, daß das Gericht aus dem zur Ausübung der Gerichtsbarkeit zweiter Instanz ermächtigten Beamten und vier Beisitzern besteht.

Auf die Beisitzer und den Gerichtsschreiber finden die Vorschriften des § 11 Abs. 1 und der §§ 12, 13 des Gesetzes über die Konsulargerichtsbarkeit entsprechende Anwendung.

Auf das Verfahren in der Berufungs= und Beschwerdeinstanz finden, soweit für dieses nicht besondere Vorschriften getroffen sind, die das Verfahren in erster Instanz betreffenden Vorschriften entsprechende Anwendung. Der § 9 des Gesetzes über die Konsulargerichtsbarkeit bleibt außer Anwendung.

In bürgerlichen Rechtsstreitigkeiten, in Konkurssachen und in den Angelegenheiten der freiwilligen

Gerichtsbarkeit erfolgt die Entscheidung über das Rechtsmittel der Beschwerde unter Mitwirkung der Beisitzer, wenn die angefochtene Entscheidung unter Mitwirkung von Beisitzern ergangen ist.

In den im § 7 bezeichneten Strafsachen ist die Vertheidigung auch in der Berufungsinstanz nothwendig. In der Hauptverhandlung ist die Anwesenheit des Vertheidigers erforderlich; der § 145 der Strafprozeßordnung findet Anwendung.

§ 9.

Die Todesstrafe ist durch Enthaupten, Erschießen oder Erhängen zu vollstrecken.

Der Gouverneur (Landeshauptmann) bestimmt, welche der drei Vollstreckungsarten im einzelnen Falle stattzufinden hat.

§ 10.

Für die Zustellungen, die Zwangsvollstreckungen und das Kostenwesen können einfachere Bestimmungen zur Anwendung kommen.

Der Reichskanzler und mit dessen Genehmigung der Gouverneur (Landeshauptmann) sind befugt, die erforderlichen Anordnungen zu treffen.

§ 11.

Der Reichskanzler ist befugt, Notare zu ernennen.

Die Zuständigkeit der Notare wird auf die Beurkundung von Rechtsgeschäften unter Lebenden beschränkt.

§ 12.

Der Gouverneur (Landeshauptmann) ist befugt, im Gnadenweg einen Strafaufschub bis zu sechs Monaten zu bewilligen.

§ 13.

Die Verordnung, betreffend die Rechtsverhältnisse in dem Schutzgebiete der Neu-Guinea-Kompagnie, vom 5. Juni 1886 (Reichs-Gesetzbl. S. 187), die Verordnung, betreffend die Regelung der Rechtsverhältnisse auf den zum Schutzgebiete der Neu-Guinea-Kompagnie gehörigen Salomonsinseln, vom 11. Januar 1887 (Reichs-Gesetzbl. S. 4), die Verordnung, betreffend die Rechtsverhältnisse im Schutzgebiete der Neu-Guinea-Kompagnie, vom 13. Juli 1888 (Reichs-Gesetzbl. S. 221), die Verordnung, betreffend die Rechtsverhältnisse in dem Schutzgebiete der Marschall-, Brown- und Providence-Inseln, vom 13. September 1886 (Reichs-Gesetzbl. S. 291), die Verordnung, betreffend die Rechtsverhältnisse im Schutzgebiete der Marschall-Inseln, vom 7. Februar 1890 (Reichs-Gesetzbl. S. 55), die Verordnung, betreffend die Rechtsverhältnisse in den Schutzgebieten von Kamerun und Togo, vom 2. Juli 1888 (Reichs-Gesetzbl. S. 211), die Verordnung, betreffend die Rechtsverhältnisse in dem südwestafrikanischen Schutzgebiete, vom 10. August 1890 (Reichs-Gesetzbl. S. 171), die Verordnung, betreffend die Rechtsverhältnisse in Deutsch-Ostafrika, vom 1. Januar 1891

(Reichs-Gesetzbl. S. 1), die Verordnung, betreffend die Rechtsverhältnisse in Kiautschou, vom 27. April 1898 (Reichs-Gesetzbl. S. 173), die Verordnung, betreffend die Rechtsverhältnisse im Inselgebiete der Karolinen, Palau und Marianen, vom 18. Juli 1899 (Reichs-Gesetzbl. S. 542), die Verordnung, betreffend die Rechtsverhältnisse in Samoa, vom 17. Februar 1900 (Reichs-Gesetzbl. S. 136), die Verordnung, betreffend die Eheschließung und die Beurkundung des Personenstandes für die Schutzgebiete von Kamerun und Togo, vom 21. April 1886 (Reichs-Gesetzbl. S. 128), die Verordnung, betreffend die Eheschließung und die Beurkundung des Personenstandes für das südwestafrikanische Schutzgebiet vom 8. November 1892 (Reichs-Gesetzbl. S. 1037) sowie die Verordnung, betreffend die Einrichtung einer Staatsanwaltschaft bei den Gerichten der Schutzgebiete, vom 13. Dezember 1897 (Reichs-Gesetzbl. 1898 S. 1) treten außer Kraft.

§ 14.

Diese Verordnung tritt zu dem im § 1 bestimmten Zeitpunkt in Kraft.

In dem Inselgebiete der Karolinen, Palau und Marianen treten die §§ 2 bis 7 des Schutzgebietsgesetzes (Reichs-Gesetzbl. 1900 S. 813) zugleich mit den übrigen Vorschriften dieses Gesetzes in Kraft.

Verzeichnis

der

Guttentag'schen Sammlung Deutscher Reichs- und Preussischer Gesetze

Text-Ausgaben

mit Anmerkungen u. Sachregister

Guttentag'sche Sammlung

Deutscher Reichsgesetze.

Text-Ausgaben mit Anmerkungen. Taschenformat.

1. **Verfassung** des Deutschen Reichs. Gegeben Berlin, den 16. April 1871. Von Dr. **L. von Rönne.** Neunte Auflage von Landrath **Paul von Rönne.** 2 M. 40 Pf.

2. **Strafgesetzbuch** für das Deutsche Reich. Nebst den gebräuchlichsten **Reichs-Strafgesetzen:** Presse, Entziehung elektrischer Arbeit, Kranken-, Unfall-, Invalidenversicherung, Gewerbeordnung, unlauterer Wettbewerb, Depot- und Börsengesetz, gewerbliche Kinderarbeit u. s. w. Von Dr. **H. Rüdorff.** Einundzwanzigste Auflage von Dr. **H. Appelius,** Kammergerichtsrath. 1 M. 20 Pf.

3. **Militärstrafgerichtsordnung** nebst Einführungsgesetz und Gesetz, betreffend die Dienstvergehen der richterlichen Militärjustizbeamten und die unfreiwillige Versetzung derselben in eine andere Stelle oder in den Ruhestand. Bearbeitet von Dr. **Paul Herz,** Senatspräsident am Reichsmilitärgericht. Dritte Auflage. 4 M.

   Militär-**Strafgesetzbuch** s. RG. Nr. 67.

4. **Handelsgesetzbuch vom 10. Mai 1897** unter Ausschluß des Seerechts. Mit den ergänzenden Vorschriften des Bürgerlichen Gesetzbuchs und Erläuterungen herausgegeben von **F. Litthauer,** Justizrath. Dreizehnte Auflage herausgegeben von Geh. Justizrat Prof. Dr. **A. Mosse,** Oberlandesgerichtsrath. 3 M.

5. **Allgemeine Deutsche Wechselordnung.** Achte Auflage von Justizrath Dr. **J. Stranz** und Rechtsanwalt Dr. **M. Stranz**, und das Reichsgesetz über die **Wechselstempelsteuer.** Von Regierungsrath **P. Loeck.** Siebente Auflage. 3 M.

6. **Gewerbeordnung** für das Deutsche Reich nebst allen Ausführungsbestimmungen. Ursprünglich herausgegeben von **T. Ph. Berger** und Dr. **L. Wilhelmi.** Sechszehnte Auflage bearbeitet von Oberverwaltungsgerichtsrath **H. Spangenberg.** 3 M.

7. Die deutsche **Post- und Telegraphen-Gesetzgebung.** Nebst dem Weltpostvertrag und dem internationalen Telegraphenvertrag. Von Wirkl. Geh. Rath Dr. **Fischer.** Fünfte Auflage bearbeitet von Geh. Postrath Dr. **M. König.** 3 M.

8. Die Reichsgesetze über den **Unterstützungswohnsitz** in der Fassung der Novelle vom 12. März 1894, **die Freizügigkeit, den Erwerb und Verlust der Bundes- und Staatsangehörigkeit,** nebst allen landesgesetzlichen Bestimmungen. Von Geheimrath **Dr. J. Krech,** Mitglied des Bundesamtes für das Heimathwesen. Fünfte Auflage. 2 M. 70 Pf.

9a. Sammlung **kleinerer privatrechtlicher Reichsgesetze.** Von **F. Vierhaus.** Zweite Auflage in Vorbereitung.

9. Sammlung **kleinerer strafrechtlicher Reichsgesetze.** Mit den Entscheidungen des Reichsgerichts bearbeitet von **M. Werner,** Geh. Ober-Regierungsrath. Zweite Auflage. 3 M.

Inhalt: Inhaberpapiere — Presse — Personenstand — Urheberrechtsgesetzgebung — Rinderpest — Nahrungs- und Genußmittel — Sprengstoff — Feingehalt von Gold- und Silberwaaren — Patentgesetz — Handfeuerwaffen — Gebrauchsmusterschutz — Militärische Geheimnisse — Waarenbezeichnung — unlauterer Wettbewerb — Auswanderung — Margarine — Wein — Sklavenraub — Fleischbeschau — Reichsseuchengesetz — Süßstoff — Reichskassenscheine.

10. Das **Reichsbeamtengesetz** vom 31. März 1873 und seine Ergänzungen. Erläutert von **J. Pieper,** Geh. Ober-Regierungsrath. Zweite Auflage. 4 M. 50 Pf.

11. **Zivilprozeßordnung mit Gerichtsverfassungsgesetz** in den neuesten Fassungen. Unter besonderer Berücksichtigung der Entscheidungen des Reichsgerichts herausgegeben mit Anmerkungen zunächst von **R. Sydow,** Unterstaatssekretär, weiter bearbeitet von **L. Busch,** Kammergerichtsrath. Zehnte Auflage. 8⁰. 6 M.

Dieser Band ist in größerem Format erschienen!

12. **Strafprozeßordnung und Gerichtsverfassungsgesetz** nebst dem Gesetz, betreffend die Entschädigung der im Wiederaufnahmeverfahren freigesprochenen Personen. Von **A. Hellweg,** Reichsgerichtsrath. Dreizehnte Auflage. 2 M.

13. **Konkursordnung und Anfechtungsgesetz.** Unter besonderer Berücksichtigung der Entscheidungen des

Reichsgerichts herausgegeben mit Anmerkungen von **R. Sydow** u. **L. Busch.** Neunte Auflage. 2 M. 25 Pf.

14. **Gerichtsverfassungsgesetz** mit Einführungsgesetz. Herausgegeben von **R. Sydow** und **L. Busch.** Neunte Auflage. 1 M. 50 Pf.

15. Das **Deutsche Gerichtskostengesetz** nebst den Gebührenordnungen für Gerichtsvollzieher, Zeugen und Sachverständige. Herausgegeben mit Anmerkungen und Kostentabellen von **R. Sydow** u. **L. Busch.** Siebente Auflage. 1 M. 80 Pf.

16. **Rechtsanwaltsordnung.** Von **R. Sydow.** Vierte Auflage von Dr. **E. Mosler.** 1 M. 20 Pf.

17. Die **Deutsche Gebührenordnung für Rechtsanwälte und das Preußische Gebührengesetz** vom 27. September/6. Oktober 1899. Von **R. Sydow** und **L. Busch.** Siebente Auflage. 1 M. 60 Pf.

18. **Reichsstempelgesetz (Börsensteuergesetz)** v. 14. Juni 1900, mit den Ausführungsbestimmungen, einem Auszug aus den Gesetzes-Materialien und den Entscheidungen der Verwaltungsbehörden und des Reichsgerichts. Achte Auflage von **P. Loeck,** Regierungsrath. 3 M. 30 Pf.

19. Die **Seegesetzgebung.** Nebst den Entscheidungen des Reichsoberhandelsgerichts, des Reichsgerichts und der Seeämter. Von Dr. **W. E. Knitschky.** Dritte Auflage bearbeitet von Oberlandesgerichtsrath **Otto Rudorff** in Hamburg. 4 M. 50 Pf.

20. **Krankenversicherungsgesetz.** Von weil. Dr. **E. von Woedtke,** Direktor im Reichsamte des Innern. Elfte Auflage bearbeitet von Dr. **G. Eucken-Addenhausen,** Geh. Reg.-Rath und vortr. Rat im Reichsamte des Innern. 3 M.

21. Die **Konsulargesetzgebung.** Von Professor Dr. **Ph. Zorn.** Zweite Auflage. 3 M.

22a. **Patentgesetz.** Nebst Ausführungsbestimmungen, völkerrechtlichen Verträgen und der Patentanwalts-Ordnung unter eingehender Berücksichtigung der Rechtsprechung des Reichsgerichts und der Praxis des Patentamts. Erläutert von Prof. Dr. **R. Stephan,** Geh. Reg.-Rath, Mitglied des Kaiserlichen Patentamts. Sechste Auflage. 2 M.

22b. Gesetz zum **Schutz der Waarenbezeichnungen.** Nebst Ausführungsbestimmungen. Von Dr. **R. Stephan,** Geh. Reg.-Rath, Mitglied des Kaiserlichen Patentamts. Vierte Auflage. 1 M.

23. **Gewerbe-Unfallversicherungsgesetz** und Gesetz, betr. die Abänderung der Unfallversicherungsgesetze vom 30. Juni 1900 nebst Ausführungsverordnungen. Von Dr. **E. v. Woedtke,** Präsident des Kaiserl. Aufsichtsamts für Privatversicherung. Achte Auflage. 2 M. 50 Pf.

24. **Aktiengesellschaft und Kommanditgesellschaften auf Aktien.** (Handelsgesetzbuch, II. Buch, Abschnitt 3

und 4.) Mit Anmerkungen von **H. Keyssner,** Kammergerichtsrath und Dr. **H. Veit Simon,** Rechtsanwalt. Fünfte Auflage. Bearbeitet von Dr. **Hugo Keyssner** und **L. Keyssner.** 2 M. 25 Pf.

25. Reichsgesetz wegen **Erhebung der Brausteuer** vom 31. Mai 1872 mit Ausführungsvorschriften. Von **E. Bertho,** Regierungsrath. 1885. 1 M. 60 Pf.

26. Die Reichsgesetzgebung über **Münz- und Notenbankwesen,** Papiergeld, Prämienpapiere und Reichsschulden. Von Dr. jur. **R. Koch,** Präsident des Reichsbankdirektoriums. Fünfte Auflage. 3 M.

27. Die Gesetzgebung, betr. das **Gesundheitswesen** im Deutschen Reich für Behörden, Aerzte 2c. Von Dr. jur. **C. Goesch** und Dr. med. **J. Karsten.** 1888. 1 M. 60 Pf.

28. **Bau-Unfallversicherungsgesetz.** Vom 30. Juni 1900. Von **R. Chrzescinski,** Kaiserl. Regierungsrath. Dritte Auflage. 2 M.

29. Reichsgesetz, betr. die **Erwerbs- und Wirthschaftsgenossenschaften.** Von **L. Parisius** und Dr. **H. Crüger.** Elfte Auflage bearbeitet von Dr. **H. Crüger.** 1 M. 50 Pf.

30. **Invalidenversicherungsgesetz** vom 13. Juli 1899. Von Dr. **E. v. Woedtke,** Präsident des Kaiserlichen Aufsichtsamts für Privatversicherung. Neunte Auflage. 2 M. 50 Pf.

31. **Gewerbegerichtsgesetz.** Von Stadtrath **L. Mugdan.** Fünfte Auflage bearbeitet von **W. Cuno,** Erstem Bürgermeister zu Hagen i. W. 2 M.

32. Reichsgesetz, betr. die **Gesellschaften mit beschränkter Haftung.** Von **L. Parisius** und **Dr. H. Crüger.** Achte Auflage. 1 M. 40 Pf.

33. Das **Vereins- und Versammlungsrecht** in Deutschland. Von **Dr. E. Ball,** Rechtsanwalt. 2 M. 25 Pf.

34. Reichsgesetz, betreffend die **Abzahlungsgeschäfte.** Vom 16. Mai 1894. Von **J. Hoffmann.** Zweite vermehrte Auflage besorgt von **Dr. E. Wilke,** Landgerichtsrath. 1 M. 20 Pf.

35. Die **Reichs-Eisenbahngesetzgebung.** Von **W. Coermann,** Kaiserl. Amtsrichter. 1895. 2 M. 25 Pf.

36. Gesetze, betr. die **privatrechtlichen Verhältnisse der Binnenschifffahrt und der Flößerei.** Erläutert von **H. Makower.** Dritte Auflage bearbeitet von **E. Löwe,** Landgerichtsrath. 3 M.

37. Gesetz zur **Bekämpfung des unlauteren Wettbewerbes.** Vom 27. Mai 1896. Von **Dr. R. Stephan,** Geh. Regierungsrath. Dritte Auflage. 1 M.

38/39. **Bürgerliches Gesetzbuch nebst Einführungsgesetz.** Nach dem Tode des ursprünglichen Herausgebers Reichsgerichtsraths a. D. **Dr. A. Achilles** in Verbindung mit Professor **Dr. André,** Landrichter

Ritgen, Landrichter **Strecker,** Ober-Regierungsrath Dr. **Unzner** herausgegeben von Geh. Ober-Justizrath **Greiff.** Vierte Auflage. 8°. 6 M. 50 Pf.
Dieser Band ist in größerem Format erschienen!

40. Gesetz, betr. die **Pflichten der Kaufleute bei Aufbewahrung fremder Werthpapiere (Depotgesetz).** Mit Erläuterungen. Von **F. Lusensky,** Geh. Ober-Regierungsrath. Zweite Auflage. 1 M.

41. **Börsengesetz.** Vom 22. Juni 1896. Nebst Ausführungsbestimmungen. Unter Mitwirkung des Direktors im Reichsamt des Innern **A. Wermuth** bearbeitet von Regierungsrath **R. Brendel.** 1 M. 50 Pf.

42. **Grundbuchordnung** nebst den preußischen Ausführungsbestimmungen. Mit Einleitung. Von Professor Dr. **O. Fischer.** Dritte Auflage. 2 M. 25 Pf.

43. Die Gesetzgebung, betr. die **Zwangsvollstreckung in das unbewegliche Vermögen** im Reiche und in Preußen. Mit Einleitung, Kosten- und Gebührentabellen. Von Dr. **J. Krech,** Kaiserl. Geh. Regierungsrath und Professor Dr. **O. Fischer.** Vierte Auflage. 2 M.

44. Das Reichsgesetz über das **Auswanderungswesen** vom 9. Juni 1897 nebst Ausführungsverordnungen und Anlagen. Unter Benutzung amtlicher Quellen. Von Professor Dr. **Felix Stoerk.** 2 M. 25 Pf.

45. Das **Entmündigungsrecht** unter Berücksichtigung der für Preußen geltenden Vorschriften nebst der preußischen Justiz-Ministerial-Verfügung vom 28. November 1899. Text der civil- und prozeßrechtlichen Bestimmungen mit Erläuterungen von Landgerichtsrath Dr. **P. Koll** in Cöln. 1 M. 50 Pf.

46. Die Gesetze des Reiches und Preußens über die **freiwillige Gerichtsbarkeit.** Mit Einleitung von **Herm. Jastrow,** Amtsgerichtsrath. Dritte Auflage. 3 M.

47. Das **deutsche Vormundschaftsrecht** und das preuß. Gesetz über die Fürsorgeerziehung Minderjähriger nebst den dazu gehörigen preußischen Nebengesetzen. Mit Einleitung und Erläuterungen von **Max Schultzenstein,** Oberverwaltungsgerichtsrath und Amtsgerichtsrath Dr. **Paul Köhne.** Zweite Auflage 3 M.

48. Gesetze und Verordnungen, betr. den **Drogen-, Gift- und Farbenhandel** außerhalb der Apotheken. Von Dr. **Broh,** Rechtsanwalt. 1 M. 25 Pf.

49. Deutsche **Kolonialgesetzgebung.** Von Professor Dr. **Philipp Zorn.** 4 M. 50 Pf.

50. Der **Viehkauf** (Viehgewährschaft) nach dem Bürgerlichen Gesetzbuche. Mit Erläuterungen von Rechtsanwalt Dr. **H. Stölzle.** Nebst Verordn. betr. die Hauptmängel und Gewährsfristen beim Viehhandel. Von **H. Weiskopf,** Königl. Kreisthierarzt in Augsburg. Dritte Auflage. 3 M.

51. **Hypothekenbankgesetz** vom 13. Juli 1899. Von Dr. **H. Göppert,** Gerichts-Assessor. 1 M. 80 Pf.

52. Gesetz, betreffend die gemeinsamen **Rechte der Besitzer von Schuldverschreibungen.** Von Dr. **Heinrich Göppert,** Gerichts-Assessor. 2 M.

53. **Reichspreßgesetz** vom 7. Mai 1874 nebst den einschlägigen Bestimmungen des Strafgesetzbuchs, der Gewerbeordnung ꝛc. Kommentar von **A. Born,** Polizeiassessor. 1 M. 50 Pf.

54. Die Reichsgesetzgebung über den Verkehr mit **Nahrungsmitteln, Genußmitteln** und **Gebrauchsgegenständen.** Von Dr. **Georg Lebbin,** Nahrungsmittelchemiker. 2 M. 25 Pf.

55. Das Recht der **Beschlagnahme von Lohn- und Gehaltsforderungen.** Auf Grundlage der Reichsgesetze vom 21. Juni 1869 u. 29. März 1897 und der Civilprozeßordnung. Von Rechtsanwalt **Georg Meyer.** Zweite Auflage. 2 M.

56. Gesetz, betr. die **Bekämpfung gemeingefährlicher Krankheiten.** Nebst Ausführungsbestimmungen. Von Dr. **Bruno Burkhardt,** Regierungsrath, Mitglied des Kais. Gesundheitsamts. 1 M. 40 Pf.

57. **See-Unfallversicherungsgesetz.** Von **Dr. Max Mittelstein,** Oberlandesgerichtsrath in Hamburg. 2 M.

58. **Das Recht der unehelichen Kinder.** Ausgabe aller einschlägigen Bestimmungen des B.G.B. Von **Hermann Jastrow,** Amtsgerichtsrath. 1 M. 80 Pf.

59. Reichsgesetz über die **Beurkundung des Personenstandes und die Eheschließung.** Von Dr. **F. Fidler,** Amtsgerichtsrath. 1 M. 80 Pf.

60. Gesetz, betreffend das **Urheberrecht an Werken der Litteratur und der Tonkunst.** Von Gerichtsassessor **Otto Lindemann.** 1 M. 50 Pf.

61. Gesetz über das **Verlagsrecht.** Von Justizrath **Ernst Heinitz.** 1 M. 50 Pf.

62. Gesetz über die **privaten Versicherungsunternehmungen.** Von **H. Könige,** Ob.-Landsger.-Rath. 3 M.

63. **Gesetzestafel des Deutschen Reichsrechts.** Systematisch geordnete Nachweisung des z. Z. geltenden Reichsrechts. Ergänzungsband zu der Guttentag'schen Sammlung Deutscher Reichsgesetze. Von **Hugo Bruhns,** Syndikus. 2 M. 50 Pf.

64. Gesetzsammlung betr. den **Handel mit Drogen und Giften.** Reichsgesetzl. Bestimmungen und Anhang mit den landesgesetzl. Verordnungen sämmtlicher Bundesstaaten. Von Rechtsanwalt **H. Sonnenfeld,** Syndikus der Berliner Drogisten-Innung. 3 M.

65. Das **Weingesetz** vom 24. Mai 1901. Mit Ausführungsbestimmungen erläutert von Dr. **Georg Lebbin,** Handels- und Gerichtschemiker zu Berlin. 1 M. 50 Pf.

66. Die **Eisenbahn-Gesetzgebung.** Von **W. Pietsch,** Geh. exp. Sekretär im Reichs-Eisenbahn-Amt. 5 M.

67. **Militär-Strafgesetzbuch.** Mit den Entscheidungen des Reichs-Militärgerichts von Dr. **Paul Herz,** Senats-Präsident am Reichs-Militärgericht und Kriegsgerichtsrath Dr. **Georg Ernst.** 3 M.

68. Das **Fleischbeschaugesetz.** Vom 3. Juni 1900. Mit Ausführungsges. u. Verordnungen im Reiche und in Preußen. Von Dr. **Georg Lebbin,** Gerichtschemiker und Rechtsanwalt Dr. **Georg Baum.** 4 M.

69. Reichsgesetz über die **Naturalleistungen der bewaffneten Macht im Frieden** nebst den zugehörigen in Preußen geltenden Bestimmungen. Von Regierungsassessor Dr. **Walter v. Hippel.** 1 M. 25 Pf.

70. Das **Reichs-Haftpflichtgesetz,** betr. die Verbindlichkeit zum Schadensersatz für die bei dem Betriebe von Eisenbahnen, Bergwerken, Steinbrüchen, Gräbereien und Fabriken herbeigeführten Tödtungen und Körperverletzungen, vom 7. Juni 1871. Von Regierungsrath Dr. **G. Eger.** Preis 3 M.

71. **Kinderarbeit in gewerblichen Betrieben,** v. 30. März 1903. Nebst der Preuß. Ausführ.-Anw. v. 30. Nov. u. d. Bek. des Reichskanzlers v. 17. Dez. 1903. Von **H. Spangenberg,** Oberverwaltungsgerichtsrath. Zweite vermehrte Auflage. 1 M. 60 Pf.

72. **Unfallversicherungsgesetz für Land- und Forstwirtschaft** vom wirkl. Geh. Rat Dr. **E. von Woedtke,** fortgesetzt von Dr. **Alfred Radtke,** Geh. Regierungsrat und Senatspräs. im Reichsversicherungsamt. 4 M. 50 Pf.

73. **Entschädigung für unschuldig erlittene Verhaftung und Bestrafung.** Nebst Anhang, enth. die dazu gehörigen Nebengesetze über Schadensersatz. Von Dr. jur. **A. Romen,** Geh. Kriegsrat und vortr. Rat im Kriegsministerium. 2 M.

74. Die **Kaufmannsgerichte** nebst den preuß. Ausführungsbestimmungen. Von Dr. **Max Apt,** Syndikus der Korporation der Berliner Kaufmannschaft. Dritte Auflage. 2 M.

Daraus einzeln: **Preuß. Ausführungsbestimmungen.** 50 Pf.

75. Reichsgesetz über die **Konsulargerichtsbarkeit.** Erläutert von Dr. iur. **A. F. Vorwerk,** Rechtsanwalt in Schanghai. 2 M.

Guttentag'sche Sammlung

Preußischer Gesetze.

Text-Ausgaben mit Anmerkungen. Taschenformat.

1. Die **Verfassungs-Urkunde** für den Preußischen Staat. Mit Einleitung, vollständigem Kommentar. Von Prof. Dr. **Adolf Arndt.** Fünfte Auflage. 3 M.

2. Preußische **Beamten-Gesetzgebung.** Enthaltend die wichtigsten Beamtengesetze in Preußen. Von **C. Pfafferoth.** Vierte, neubearbeitete Auflage. 2 M.

3. **Die Aufnahme des Nottestaments** durch die bestellten besonderen Urkundspersonen. Anweisung vom 15. März 1904. Erläutert mit Musterbeispielen und einem Abriß des Erbrechts von Amtsgerichtsrath **C. Kurtz.** 1 M. 50 Pf.

4. **Gebührenordnung** für **Notare** vom 25. Juni 1895 nebst den einschlägigen Vorschriften des Preußischen Gerichtskostengesetzes. Von **R. Sydow.** Zweite Auflage bearbeitet von Dr. **E. Mosler,** Gerichtsassessor. 1 M. 50 Pf.

5. Gesetz vom **24. April 1854 (betr. die außereheliche Schwängerung).** Von Dr. **Schulze.** 75 Pf.
   Gültiges Recht siehe: Reichsgesetze Nr. 58.

6. Die Preuß. **Ausführungsgesetze und Verordnungen zu den Reichs-Justizgesetzen.** Von **R. Sydow.** Dritte vermehrte Auflage. 1895. 2 M. 40 Pf.
   Siehe Seite 21, Busch, Ausführungsgesetze.

7. **Allg. Gerichtsordnung** vom 6. Juli 1793 und Preuß. **Konkursordnung** vom 8. Mai 1885. Von **F. Vierhaus,** Geh. Ober-Justizrath. Vergriffen.

8. **Vormundschaftsordnung.** Von **F. Schultzenstein.** Gültiges Recht siehe: Reichsgesetze Nr. 47.

9. Die Preußische **Grundbuchgesetzgebung.** Von Prof. Dr. **Fischer.** Vergriffen. Siehe: Reichsgesetze Nr. 42.

10. **Einkommensteuergesetz.** Von **A. Fernow,** Geh. Finanzrath. Fünfte Auflage. 2 M. 50 Pf.

11. **Gewerbesteuergesetz.** Von **A. Fernow,** Geh. Finanzrath. Vierte, vermehrte u. verbesserte Auflage. 2 M.

12. **Allgemeines Berggesetz** für die preußischen Staaten und die auf dasselbe bezügl. Gesetze u. Verordnungen. Von **E. Engels.** Dritte Auflage. In Vorbereitung.

13. **Ergänzungssteuergesetz** (Vermögenssteuergesetz). Von **A. Fernow,** Geh. Finanzrath. Dritte vermehrte Auflage. 1 M. 50 Pf.

14. **Kommunalabgabengesetz.** Vom 14. Juli 1893 und Gesetz wegen Aufhebung direkter Staatssteuern. Von Dr. **F. Adickes,** Oberbürgermeister. Dritte Auflage. 1 M. 50 Pf.

15. Die **Kreisordnungen** für den Preußischen Staat. Von **O. Kolisch,** Landgerichtsrath. 1894. 4. M.

16. **Concessionirung gewerblicher Anlagen.** Preuß. Ausführungs-Anweisung zu §§. 16 u. ff. der Gewerbe-Ordnung. Von Dr. **W. v. Rüdiger,** Geh. Regierungs- u. Gewerberath. Zweite Auflage. 2 M.

17. Preußisches **Gerichtskostengesetz.** Mit Kostentabellen. Von Dr. **P. Siméon,** Landrichter. Vierte Auflage. 2 M. 25 Pf.

18. Preußisches **Stempelsteuergesetz** vom 31. Juli 1895. Mit den gesammten Ausführungsbestimmungen und vollständigen Tabellen. Von **P. Loeck,** Regierungsrath. Fünfte Auflage. 5 M.

Dieser Band ist in größerem Format erschienen.

19. Das **Jagdscheingesetz.** Mit ausführlichen Erläuterungen nebst der Ausführungsverfügung. Von **F. Kunze,** Wirklichem Geh. Ober-Regierungsrath. Zweite Auflage. 2 M.

20. Die **preußischen Erbschaftssteuergesetze.** Unter Berücksichtigung der Novelle vom 31. Juli 1895. Von **U. Hoffmann,** Geh. Registrator im Königl. preuß. Finanzministerium. 4 M.

21. Gesetz über die **Handelskammern.** Vom 19. August 1897. Mit Erläuterungen von **F. Lusensky,** Geh. Regierungsrath. 3 M.

22. Gesetz, betr. **Anstellung und Versorgung der Kommunalbeamten.** Mit Ausführungsanweisung. Von **Dr. W. Ledermann,** Magistratsassessor zu Berlin 1 M. 25 Pf.

23. **Ausführungsgesetz zum Bürgerlichen Gesetzbuche.** Von Landrichter Dr. **P. Siméon.** 2. Aufl. 1 M. 80 Pf.

24. Die **Hinterlegungsordnung** in der Fassung des Ausführungsgesetzes z. B.G.B. v. 20. Sept. 1899 nebst Ausführungsbestimmungen. Von Regierungsassessor Dr. **Georg Bartels.** 1 M. 50 Pf.

25. **Preußische Kommunalbeamtengesetzgebung.** Von Magistratsassessor Dr. **Fr. Kremski,** Berlin. 3 M.

26. Die Preußischen Gesetze über das **Diensteinkommen der Lehrer und Lehrerinnen, ihren Ruhegehalt und die Fürsorge für ihre Hinterbliebenen,** sowie einer Tabelle zur Berechnung der Ruhegehalts-, Wittwen- und Waisenbezüge. Von Dr. **Ed. Cremer,** Beigeordneter. 2 M. 40 Pf.

27. Gesetz, betreffend die **Waarenhaussteuer.** Von Geh. Ober-Finanzrath Dr. **G. Strutz.** 1 M. 20 Pf.

28. Gesetz über die **Fürsorgeerziehung Minderjähriger.** Nebst Ausführungsanweisungen. Von Landgerichtsrath Dr. **P. F. Aschrott.** 2 M. 80 Pf.

29. Gesetz, betr. **die ärztlichen Ehrengerichte, das Umlagerecht und die Kassen der Aerztekammern.** Von Amtsgerichtsrath Dr. **Fidler.** 1 M. 50 Pf.

30. Die das **Preußische Staatsschuldbuch** und **Reichsschuldbuch** betr. Gesetze nebst Ausführungsbestimmungen. Von Wirkl. Geh. Ober-Finanzrath **J. Mücke,** Mitglied der Staatsschuldenverwaltung. 2 M.

31 a. **Die geltenden Preußischen Gesindeordnungen.** Herausgegeben in zwei Bänden von **Stephan Gerhard,** Rechtsanwalt in Berlin.

Band I: Gesindeordnung für die altpreußischen Provinzen vom 8. XI. 1810, mit Erläuterungen unter Berücksichtigung der Ergänzungsgesetze und der Rechtsverhältnisse der Gesindevermiether, sowie die Gesindeordnung für Neuvorpommern und Rügen und für die Rheinprovinz. 2 M. 50 Pf.

31b. **Band II:** Gesindeordnungen für Hannover, Schleswig-Holstein, Hessen-Nassau und den Regierungsbezirk Hohenzollern. 2 M. 50 Pf.

32. **Die Städteordnung für die sechs östlichen Provinzen** Preußens vom 30. Mai 1853 nebst ihren gesetzlichen

Ergänzungen. Von **Dr. jur. Walter Ledermann,** Magistrats-Assessor zu Berlin. 6 M.

Dieser Band ist in größerem Format erschienen!

33. **Rentenguts- und Anerbenrechts-Gesetzgebung in Preußen.** Von Landgerichtsrath **M. Peltasohn** und Rechtsanwalt **Bruno Peltasohn.** 3 M.

34. Sammlung der wichtigsten **Preußischen Strafgesetze** nebst Anhang: Gesetz betr. polizeiliche Strafverfügungen vom 23. April 1883. Von **Otto Lindemann,** Amtsrichter. 2 M. 50 Pf.

Inhalt: Mobiliar-Feuerversicherung — Chausseegeld — Jagdpolizei — Jagdschein — Wild-Schonzeit — Fischerei — Versammlungs- u. Vereinigungsrecht — Belagerungszustand — Gesindedienstpflichten — Mineraliengewinnung und -Aneignung — Schlachthäuser — Dampfkesselbetrieb — Wandergewerbebetrieb — Reblausverbreitung — Forstdiebstahl — Wald- u. Wassergenossenschaften — Feld- u. Forstpolizei — Lotteriespiel — Verkehrsabgaben — Landestrauer.

35. **Geschäftsordnung für Gerichtsvollzieher.** Gerichtsvollzieherordnung und Gebührensätze von Amtsgerichtssekretär a. D. **Emil Exner.** 3 M. 50 Pf.

36. Die Gesetzgebung über **Polizeiverordnungen in Preußen** von **Otto Lindemann,** Amtsrichter in Köslin. 1 M. 50 Pf.

37. Gesetz über die **Enteignung von Grundeigentum** vom 11. Juni 1874 von Landrichter **O. Meyer.** 2 M.

Guttentag'sche Sammlung von
Text-Ausgaben mit Sachregister ohne Anmerkungen.

Taschenformat, elegant in Leinen gebunden.

Reichs-Justizgesetze:

Gerichtsverfassungsgesetz. Civilprozeßordnung. Konkursordnung. Strafprozeßordnung.

In einem Bande gebunden 3 M. 80 Pf.

Zweite Auflage.

Civilprozeßordnung mit **Gerichtsverfassungsgesetz** und **Einführungsgesetzen** in den neuesten Fassungen. 2 M.

Konkursordnung mit **Einführungsgesetz.** 80 Pf.

Strafprozeßordnung nebst **Einführungsgesetz.** 1 M. 20 Pf.

Bürgerliches Gesetzbuch nebst **Einführungsgesetz.** Zehnter Abdruck. 2 M. 50 Pf.

Handelsgesetzbuch nebst **Einführungsgesetz u. Seerecht.** Siebenter Abdruck. 1 M. 80 Pf.

Gewerbeordnung für das Deutsche Reich. Zweite Auflage. 1 M. 20 Pf.

Ausführungsanweisung zur Gewerbeordnung vom 1. Mai 1904 nebst der preuß. technischen Anleitung. 2 M.

Militär-Strafgesetzbuch mit Abdruck der angezogenen Bestimmungen des Reichs-Strafgesetzbuchs. 1 M

Guttentag'sche Sammlung von Text-Ausgaben mit Sachregister ohne Anmerkungen.

Militärstrafgerichtsordnung für das Deutsche Reich, nebst **Einführungsgesetz** und Gesetz, betr. die Dienstvergehen der richterlichen Militärjustizbeamten und die unfreiwillige Versetzung derselben in eine andere Stelle oder in den Ruhestand. **Militär-Strafgesetzbuch** mit Abdruck der entsprechenden Bestimmungen des Reichs-Strafgesetzbuchs. Zweite Auflage. 1 M. 50 Pf.

Reichsstempelgesetz (Börsensteuergesetz). Mit Tabellen zur Berechnung der Reichsstempelabgaben. 1 M. 50 Pf.

Bürgerliches Gesetzbuch nebst Einführungsgesetz unter Einfügung der preußischen Ausführungsbestimmungen bearbeitet von Dr. **Paul Winter,** Landrichter. Zweite Ausgabe. 8°. Geb. Preis 3 M.

Handbuch des Testamentsrechts

mit zahlreichen Beispielen und Formularen.

Dargestellt von **Heinrich Peiser,** Landgerichtsrat in Danzig. gr. 8°. Preis 8 M., geb. in ganz Leinen 9 M.

Das Bürgerliche Recht Deutschlands mit Einschluß des Handelsrechts historisch und dogmatisch dargestellt von **A. Engelmann,** Oberlandesgerichtsrat. Zweite durchgearbeitete Auflage. gr. 8°. Preis 14 M., geb. in Leinen 15 M.

Wie leitet man eine Versammlung? Geschäftlicher Handweiser für Vorsitzende. Von einem Mitgliede des Deutschen Reichstags und des Preußischen Abgeordnetenhauses. kl. 8°. Preis in elegantem Einbande 1 M.

Ein nützliches und notwendiges Büchlein.

Holtgreven, Dr. A., Präsident des Oberlandesgerichts in Hamm und Dr. **Th. Wolff,** Oberlandesgerichtsrath. Das Wildschadengesetz vom 11. Juli 1891. Kommentar. Vierte Auflage. 8°. Geb. 4 M. 50 Pf.

Arndt, Dr. Adolf, Professor. Verfassung des Deutschen Reichs. Mit Einleitung und Kommentar. Zweite Auflage. 8°. Geb. 4 M. 50 Pf.

Behrens, Paul, Handbuch für Vereine bei Aufstellung, Berathung und Aenderung der Vereins-Satzungen. 8°. Preis geb. 1 M.

Born, A., Polizei-Assessor in Königsberg i. Pr. Das preußische Baupolizeirecht nebst den einschlägigen Bestimmungen des Ansiedelungs-, Feld- und Forstpolizei-, Waldschutz- und Deichgesetzes, sowie dem Fluchtlinien-, Rayongesetz und dem Gesetz über die Zulässigkeit des Rechtsweges gegen polizeiliche Verfügungen. Kommentar. gr. 8°. Preis 10 M., geb. 11 M.

Delius, Dr. jur. H., Landgerichtsrath. Die Haftpflicht der Beamten. 8°. Preis geb. 2 M.

Delius, Dr. jur. H., Landgerichtsrath. Die Rechtsverhältnisse der geschlossenen Gesellschaften und Vereine nach Preußischem Recht unter besonderer Berücksichtigung der Befugnisse der Polizeibehörden. 8°. Preis in Leinenband 1 M. 60 Pf.

Das Gesetz betreffend die Anlegung und Veränderung von Straßen und Plätzen in Städten und ländlichen Ortschaften vom 2. Juli 1875. Des Kommentars von weil. Oberverwaltungsgerichtsrath **R. Friedrichs** fünfte völlig neubearbeitete Auflage bearbeitet von Dr. jur. **Hugo v. Strauß und Torney,** Senatspräsident des Oberverwaltungsgerichts. 8°. Geb. in ganz Leinen. 5 M.

Oltermann, Carl, Stadtrath in Dortmund. Das Fluchtliniengesetz vom 2. Juli 1875. Erläuternde Abhandlung. 8°. 1 M. 25 Pf.

Könige, H., Oberlandesgerichtsrath. Handelsgesetzbuch vom 10. Mai 1897 nebst Abdruck des Gesetzes über die Angelegenheiten der freiwilligen Gerichtsbarkeit und Gerichtsverfassungsgesetz (Titel 7, Kammern für Handelssachen). 8°. Geb. in ganz Leinen 4 M. 50 Pf.

Telegraphenwege-Gesetz vom 18. Dezember 1899 nebst den vom Reichskanzler erlassenen Ausführungsbestimmungen vom 26. Januar 1900 und den Erläuterungen und Ausführungsanweisungen des Reichs-Postamts. Amtliche Ausgabe. 8°. Geb. in ganz Leinen 1 M.

Wilhelmi, Dr. L., Das Handwerkergesetz vom 26. Juli 1897. Mit Einleitung und Bemerkungen unter besonderer Berücksichtigung der Ausführungs-Anweisungen der größeren Bundesstaaten. Geb. in ganz Leinen 6 M.

Das Recht des Bürgerlichen Gesetzbuchs

vom 18. August 1896.

Ein dogmatisches Lehrbuch

von

Dr. Ernst Landsberg,

ordentl. Professor der Rechte zu Bonn.

gr. 8°. Zwei Bände. 1350 Seiten.

Preis brosch. 25 M., geb. in Halbfranz 28 M.

Das Werk bezweckt eine möglichst kurze und dogmatische Darstellung des Rechtsstoffes, welcher durch das Bürgerliche Gesetzbuch gegeben ist. Es soll möglichst kurz sein, deshalb umfaßt es nicht das ganze sonstige bürgerliche Recht, sondern berücksichtigt dasselbe nur durch gelegentliche Ausblicke und Verweisungen. Aber es soll doch klar und für den Anfänger faßlich sein, deshalb ist die Erörterung, namentlich in den ersten Abschnitten, etwas eindringlicher angelegt, der starre Lehrbuchton vermieden.

Auf diese Weise hofft Verfasser noch eine Lücke in unserer Literatur ausgefüllt zu haben, und dem Lernenden wie dem Praktiker eine allgemein brauchbare, aus der Praxis und Theorie anregende Gabe zu bieten.

Schlagwort-Register.

R. = Nummer der Sammlung Deutscher **Reichs**gesetze.
P. = Nummer der Sammlung **Preußischer** Gesetze.
S. = Seite.

Schlagwort-Register. (R. = Reichsgesetz, P. = preuß. Gesetz.)

FSC
www.fsc.org
MIX
Papier | Fördert
gute Waldnutzung
FSC® C083411

Kolibri 360 GmbH
Ferdinand-Jühlke-Straße 7
99095 Erfurt, Deutschland
produktsicherheit@kolibri360.de